田中康雄＝編

児童生活臨床《じどうせいかつりんしょう》と社会的養護《しゃかいてきようご》

―児童自立支援施設で生活するということ

金剛出版

はじめに

児童自立支援施設に足を踏み入れて

田中康雄

❶ 児童自立支援施設に足を踏み入れて

児童養護施設や児童自立支援施設といった社会的養護とは、かつては親がなにかしらの事情で不在であったり、親の養育がなにかしらの事情で受けられない子どもへの政策であったという。それが現在は、虐待を受けて心に傷を負った子どもや、障害があることで生活面にさまざまな支障を来たす子どもや、DVの被害を受けた母子の支援など、その役割が拡張変化してきた。そのなかで、しかし、社会的養護のハード面の変革対応が非常に遅れているように思われる。厚生労働省によると、社会的養護の理念は、子どもの最善の利益のために、社会全体で子どもを育むことにあるという。そのために養育、心的ケア、地域支援等の三つの機能を発揮させることが期待されている。

しかし、その実情はいかがであろうか。

筆者は、平成一六(二〇〇四)年に北海道に戻ってからこれまでずっと児童養護施設や児童自立支援施設の現場に足を運び、職員と話をさせていただき、そこに棲む子どもたちの生活を見せてもらってきた。

村瀬嘉代子先生とご一緒してある学園に行ったとき(本書第8章)、担当してくれた施設職員は「まず、ここの生活を体験してください」と話された。子どもたちと一緒に虫除けスプレーを体に噴露して、学園周囲の清掃を行った。次いで、草むしりを行った。どの子どもも一生懸命行っていた。

われわれは夕食を子どもたちと一緒に食べ、夜の九時過ぎに近くのホテルに泊まり、翌朝の五時に起床し学園へ向かった。六時一五分に子どもたちは起床、洗面、体操（これは、グランド三周と鉄棒、相撲と大変な運動量であった）をこなし、七時三〇分から朝食を摂り、片付けをしてから学習教室へと向かう。われわれも早い朝食を一緒に摂った。子どもたちは、午前中は学年や習熟度に沿って学習を行い、昼にはふたたび寮に戻り昼食を摂る。

学園には複数の寮があり、それぞれ一〇名程度の子どもたちが生活を送っている。寮長と寮母と呼ばれる夫婦が、この一〇名の子どもたちの親代わりとして、毎日の生活を共にしている。

昼食後は、それぞれが所属しているクラブ活動に参加する。筆者はたまたま大会を控えていた野球クラブに参加した。村瀬先生は野球に参加しない子どもと卓球をされた。筆者の二〇年ぶりの野球は、わずかもバットにボールを触れさせることができず、かつては捕れたかもしれない程度のゴロもトンネルし、職員チームの敗北に大きく貢献した。

夕方になっても子どもたちはひとときの休む間もなく、寮の清掃を行い、五時三〇分には夕食を摂っていた。それぞれが自習時間になったとき、子どもたちが一人ひとり、われわれに向かって「どこから来たの？」「僕のお父さんも学校の先生なんだよ」「勉強はどうすればよいのですか？」など、個々に質問を投げかけてくれた。

今後どうなるのかわからないような不明の客人に、彼らは誠意を込めた精一杯の対応をしてくれたのだ。九時に車座になり今日一日の反省会をしたあと、皆床に就いた。

その後、われわれは、ドア一枚で仕切られた寮長夫婦の生活空間に呼ばれ、子どもたちの様子を教えてもらった。「僕のお父さんも学校の先生」と言った少年は、父親が行方知れずであるという。他の子どもたちの言葉の真偽が明らかになるにつれ、彼らの生活の大変さに言葉を失った。

仕事としての医療に身を置いていたなかで、筆者にとっては、医療機関に来ることが最初の一歩、必須の一歩でもあった。その一歩が踏み出せないでいる子どもたちが、「居る」という現実に、言葉を失った。

とたんに、さらに昔、虐待を受けていた子どもたちに向き合い、時に外来や入院での治療を担当し、その結果、児童養護施設へ行った子どもたちのことを思い出した。その一人に対して、筆者は、過酷な生活から救ったという思いをもっていた。もう一人は、施設へ移った後、面会に行ったときに、「おまえのせいでここに来た。おまえに会わなければよかった」という怒りと哀しみのメモを筆者に手渡した。それでも当時の筆者には、できるだけのことをしたという思いが、思い上がりがあった。

「日々の子どもの言動に振り回されてしまう」と、明るく嘆く寮長ととりとめのない話をしながら、「僕には、知らないことが多すぎた」と猛省し続けていた。

この思い上がりと強い反省をなんとかして解決する必要がある。このままではいけない。そのためには、子どもたちに、職員に、どのようなことができるのだろうかと筆者は考えはじめた。

② 己の慢心に向き合う

その後、何度か児童自立支援施設や児童養護施設にうかがい、子どもたちと会い、職員と相談するなかで、筆者は、ここの子どもたちの生きにくさが少し見えてきた。つまり医学的に見つめなおすと、ここに棲む子どもたちは、（1）家庭での不適切な養育を受けてきた子どもたち、（2）軽度発達障害の存在が疑われる子どもたち、（3）結果として非行・反社会的行動を行ってしまう子どもたちに収斂された。

筆者はそれからも数年、事例検討会を行いつづけ、医療的視点で、ここに棲む子どもたちの病理性を考えつづけていった。

平成二〇（二〇〇八）年から平成二三（二〇一一）年までの四年間、筆者は、本書に原稿を寄せていただいた多くの仲間たちと、科学研究費補助金をいただき、「発達障害が疑われる非行少年の包括的再犯防止対策」の研究に従事した。

スタート時の構想として、本研究は、児童自立支援施設と退所後に復帰する地域を対象とし、（1）施設に暮らす子どものアセスメント、（2）施設機能の検証、（3）再非行防止のための心理教育プログラムの開発と効果測定、（4）地域社会での自立を保障する地域環境作り、という四段階の研究開発をすることで、発達障害が疑われる子どもたちへの包括的な再犯防止対策を構築することを到達点とし、（A）児童自立支援施設・子ども調査、（B）児童自立支援施設・職員調査、（C）心理教育プログラムの検討、（D）地域環境調査・整備の四つの研究を柱としていた。

幸い研究意義が認められ、予算が下りたことでわれわれは、全国を視野に入れながら、可能な範囲で職員にインタビューを実施した。少なくとも、子どもたちを直接的な研究対象とすることだけは避けないといけないと、思っていた。だから当面は職員の日々の実践と思いを聞き取ることで、課題を抽出し、上記の（1）から（4）までの構想を立てようと思っていたのだ。

聞き取りの意義は、「私たちは、発達障害のある子どもたちに、あるいは虐待を受けた子どもたちに、どういった対応をするべきか、という視点ではなく、発達や生活面で躓きや不安を強くもちながら生きてきた子どもたちが、それでもたくましく豊かな社会生活を送るために、児童自立支援施設は子どもたちに、何を提供しているのだろうか、さらに今後何が必要なのだろうかということを、施設職員と子どもたちと一緒に考えていきたい」と思っていた。

つまり当初は、児童自立支援施設にいる子どもたちのなかでも「学びなおしと育ちなおし」が困難と思われる発達障害のある子どもたち（その多くは被虐待体験もあるだろう）を対象に、社会復帰に向けた具体的かつ包括的な支援プログラムを構築することはできないか、そうすることで施設職員の日々の疲れが軽減するのではないかと思っていたのだ。

直接職員の方々から話をうかがうことで、筆者は、施設は人の力により成り立ち、子どもたちは、その施設と職員から生きる力を吸収しようとしていると理解してきた。職員の実践は、「ちゃんとした生活の規範、モデルを示すこと」に心を砕くことであった。いくら職員でも大人でも「当初は経験していないことのわからなさに戸惑いながら、安易にわからないとも、わかるとも言えないという目線で、ただただその子に向き合っていた」と語った。筆者は次第に言葉を失っていった。

いくつかの施設で、数名の職員から話を聞いていくなかで、「包括的な支援プログラムの構築」という当初の計画がなんと無謀で、なんとおこがましい考えであったかに、とても恥ずかしい思いのなかで気がついた。そして己の慢心に向き合えた。

それは、すでに「ここの生活を体験してください」と言った職員の言葉にあったのだ。外から眺めて批判、意見するのではなく、中に入って一緒に考えていきましょうというメッセージだったのだ。

実際に多くの職員に共通していたのが、さりげない関わりを心がけ、すべてにおいて、自らをさらけ出してみせることだった。そのなかで、生活を共にしていくことを重要視する。ここの生活に枠があるとすると、それはここの寮長、寮母の生き様としての枠なのである。

包括的プログラムとか、支援プログラムは、こうした血の通った暖かい、それでいて厳しい生活のありようの究明と対極にある。

われわれの研究テーマは、早々に軌道修正を余儀なくされた。

③ 関係性と生活

インタビューを続けていくなかで明らかになってきたのが、職員の生き様である。その生き様がどのように子どもたちを縛り、規定し、未来への足がかりとなるかが大きなポイントであるように思われた。

古い話であるが、下田（1929）は「赤ん坊が成長して社会人になるためには、その自己主張をある程度まで抑圧するように教育されねばならぬ。吾人の道徳教育の大部分はこの抑圧教育である。圧迫教育である。環境もまたこの意味において影響する。かくてわれわれはわれわれの養育者から、環境から、絶えず自我抑圧を教えられるのであるが、ここに最も大切なことは、この自我抑圧ということは、自分がその必要な理由をある程度まで理解しての自我抑圧でなければならぬ。理解なき自我抑圧は卑屈となる」と述べている。さらに、この教え、自我抑圧の必要性を学ぶのは二、三歳頃とも述べている。

ここに述べられているのは、今でいうところの「ソーシャルスキル」とほとんど同義である。何事も、己自身がその必要性を知り、その獲得の意義を痛感していないと、獲得しようとする意欲すら生じないということにある。

逆に言えば、二、三歳というまだまだ無力、微力な時期だからこそ、教えが絶対的に有効と言えるかもしれない。

しかし、筆者が数名からのインタビューで聞き取った内容は、まさに、この自我抑圧について寮長、寮母が生活のなかで教え伝えようとしていたことだった。この自我抑圧を、それほど必要とせずに育ち生きてきた子どもたちにとっては、これを教えていくことは容易ではない。

必然的に、職員は、子どもたちとそれを育てる職員との生活空間における関係性の構築を非常に重視してきた。だからこそ、人が人を護り、育てていく様子が多くの職員から聞き取れたのだ。なぜそれができているのか。それは、職員に未来を信じる力があるからであろう、としか思えない。少なくとも、子どもたちの今の心には、未来はない、あったとしても、輝く未来ではない。多くの子どもたちが、児童相談所や医療の外来で、「生きている実感がない」「いつ死んでもよい」とさばさばと語る姿を筆者は見てきた。それは、精神医学的には愛着形成の躓きと言えるのだろうが、未来を信じる力をもつ大人から、自我抑圧の代わりに希望に満ちた未来を引き継ぐ、という手順が正しく継承されていないと、今なら思える。

だからだろうか、多くの職員の言葉には、職員が子どもたちに対峙するために、それぞれの施設において職員個々が培ってきた子ども観や人生哲学とも呼べる理念が存在していた。

そう、「生きる」ということ自体が、個別的であり、伝承され、引き受けられていくことなのである。

でも、僕たちは、子どもたちになにを引き受けてもらいたいのだろうか。それは、氏でも家系でもなく、連綿とした生きる連続体と言ってよいかもしれない。それはある意味、輪廻とも、復活とも、伝統とも言えるものかもしれない。われわれは、繋がり続けたいのだろう。

ゆえに、繋がりあうための最低限の関係性を、信頼性を、しつこく求めていく。

社会的養護という、親子ではない、短いつきあいのなかで、いかに凝集した出会いを作り出すかに職員は心を砕いている。そのために必要なことは、もはや生き様でしかない。関係性のなかにその生き様をいかに明確に表出するか、そこに職員は全力を注いできたように、筆者には思われた。

ゆえに、その関係性の作り出し方や大切にする仕方に個々の違いが生まれる。

ある職員は、これまでの経験から子どもたちの自主性と主体性を信じて関わってきた。上手に主体的に生きられるようになった子どもがいる反面、自分の道が見つからずに、最後まで困惑して見失い続けた子どもがそこには語られていた。

ある職員は、社会に出てからも日々生活指南の必要性がある限り、対応していくことを心がけている。終生世話焼きおばちゃんでいくと話された。

ある職員は、数名の子どもたちに背中を向けられ傷つき、自信を失い、結果自我抑圧を力でもって行使してしまったという。

人が人に向き合うなかで生じる関係性である。結果から検討し直せば、あのときはこうすればと岡目八目でなんとでも言えよう。大切なことは、いつも子どもの心の動きと自分自身の思いに、できるだけ冷静に目を配り続けることであろう。

④ 互いを認め、育ち合う生活空間として

岩本（2007）は、児童自立支援施設の機能として信頼関係の構築の重要さを指摘する。三宅和夫の言を引いて、信頼関係は、子どもが親を内在化する同一化の基本的役割と指摘したうえで、施設で構築する要件を抽出した。それによると、（1）情緒の安定を図ること、（2）良好な人間関係の構築のために所属集団の凝集を高めること、（3）生活のプログラムを活用することで、この三つの実践を通じて信頼関係が構築され、ひいては子どもの自己統制力が育成されると述べた。そのうえで、相良敦子の言を引用しながら「日常生活の中での信頼関係を構築する」ことの重要性を強調した。

筆者は、これに異論はなく、むしろ同意する。同時に、ではどのようにすれば、日常生活のなかで信頼関係は構築されるのだろうか。

まさにわれわれの研究のゴールはここに置かれた。

一九八五年刊行の『非行克服の理念と実践――教護院運営ハンドブック』では、青木延春の理念が記されている。それによると「反社会的性格の人格構造を変え、社会適応性を獲得させるために絶対不可欠な要素として感情転移と同一化が教護技術の基本である。［…］自我を強化し、さらに同一化を通じて児童の超自我を強化させようとする事が、治療教育の仕事」とし、教護を積極的な感情転移の設定と同一化を通じて超自我を変化させることと規定した。さらにそこに「児童とともに

ある精神（with の精神）」を、絶対不可欠な要件とした。

筆者は、一部納得しつつも共にあるという with ではなく、変わるのは子どもで、そこに対峙する職員という、対決的向き合いをイメージした。この当時は、「人格構造を変え、社会適応性を獲得させる」ということが命題であったのだろう。筆者は、個人的に「脆弱な人格構造を補強し、新たな社会適応性を学ぶための前哨戦として、大人との新たな関係性を築くこと」が求められると考えているが、そこに岩本（2007）の指摘する信頼を置きたい。

なぜ信頼なのかを問うためには、信頼という行為そのものをどう考えて定義づけるかによる。辞書的には、まさに信じて頼りにすることであろうが、山岸（1998）は、「社会的不確実性の存在する状況、すなわち、相手が利己的にふるまえば自分がひどい目にあってしまう状況で、相手が利己的にふるまうことがないだろうと期待することが、その相手を信頼すること」と述べた。

筆者は、ここに養育の姿を見る。あるいは端的に親が子どもを育てる姿を見る。脆弱で明日も信じられない乳児は、母が利己的に振る舞えばひとたまりもない絶対無力のなかで、養育者である母がそのような振る舞いをしないだろうと期待する。これは単純に、そのような振る舞いをされないという事実のなかで芽生える基本的信頼感であり、それこそがまさに信頼の原体験になっているのだ。

児童自立支援施設であえて信頼を重視しなければならないのは、「人格構造を変え、社会適応性を獲得させる」ためではなく、いかなる不確実な状況のなかでも自分のためにだけ振る舞ってくれるという、これまで経験したことのない、あるいは非常に希薄な経験しかできなかった彼らへ、あらためて、「相手が利己的にふるまうことがないだろうと期待」させるためだ。

それが日々の生活場面でつねに求められ証明されねばならないことになる。

筆者は、職員の語りが、自らの行為が子どもたちに信頼を作り出せているかという問いかけになっていることに気づく。ある寮母は、待つこと、愛することなどの価値観と関係性の不在に戸惑いながら「ここでの生活は嫌かもしれないけれど、心して楽しいときもあることを知ってほしい、あるいはそれを提供したい」と述べた。ここには、単純に子どもたち一人ひとりを大切にしたいといった、手探りの様子が認められる。そして、それは、生まれたての乳児を前にした初心者の親の心情と重なる。

信頼を紡ぐためには、相応の時間と、幾多の躓きと躊躇があり、そのなかで、対面する大人が子どもにとって特定の、かけがえのない存在になっていくことである。そして、これを通して大人にとっても、この子がかけがえのない存在になることだろう。

その意味で従来の教護実践に対する「経験主義的、職人的であって、一般化することができない」という批判は、批判として適確ではなく、つねに一期一会の当然の実践を説明しているにすぎない。信頼を重ね紡ぐことをマニュアル化することはできないだろう。つまり、われわれが当初抱いた研究テーマが非行防止のための心理教育プログラムの開発と効果測定を中心に置いたことは大きな誤りであったことが明らかとなったのだ。

ある寮母は「私が経験してきた一〇代とか二〇代というのは、ここに来る子の思いとかけ離れていまして、想像ができないような体験とかした子たちが、私が同じ時期にどんなことを考えていたかなと思うと、やっぱりちょっと違うというか」と、「自分に置きかえてみるととても考えられない」ことと痛感したという。そのうえで、「その子の生きた人生といいますか、経過を見ていると、とても考えられないことが起きていたりとかしました。そこを自分の感覚で置き替えて、わからないとかではなくて、その子なりの人生があるんだとか、つらいんだとか、そういうふうに思い始めてからは、自分自身も少し楽になりました」と述べている。これは共に生きるなかで生まれた共感であり、相手を尊重した思いがないと決して生まれないものであろう。この寮母は、子どもたちから「どれだけ悲しいのかとか、苦しんだのかというのはわかんないでしょうと言われて、確かにわからないといいますか、ここでわかると言ったら、大きなうそつきになってしまいますし、まったくわからないと言ったら否定することになりますし、どう言ったらいいんだろうというか、何も言えなかったときもありました」と正直に向き合う。これを乗り越えるために「一緒に共に過ごしながら、私たちが生き方を見せる、生活を見せるだけでもここの子どもたちにとっては勉強なのか」と思い至る。まさに不確実ななかでも利己的に振る舞わずに、つきあい続けようとする姿勢を貫いている。信頼とは、こうした闘いのなかで、作られていくものと言えよう。この寮母が心がけていたことは「ちゃんとして生活の規範、モデルを示すこと」という当たり前のことであり、同時に自我抑圧を教えることになっていくと言える。

5　そして、生活は続く

筆者が児童自立支援施設へ足を踏み入れ、学んだことは、己にある利己的な思い上がりと、真の信頼関係の樹立の困難さと、それでも信頼関係が成立する可能性であった。

よりよい対応と豊かな生活を目指し、速効の対策を求め描きがちな陥穽から脱却し、あらためて社会的養護の生活について、考え続けようと思っているが、筆者は、おそらく今後も実際の寮長にはなれないだろう。しかし、せめて考え続けようとは思っている。

6　本書の趣旨

児童自立支援施設というあまり広く世間に知られていない社会的養護の生活空間がある。もっと広く知られているのが、児童養護施設であろう。児童自立支援施設とは、かつて感化法の下においては「感化院」、少年教護法の下で「少年教護院」、現行の児童福祉法の下で「教護院」と呼ばれ、一九九八年四月にこの名称となったものである。どういうところかというと、不良行為をなした、またはなすおそれのある児童、および家庭環境その他環境上の理由により生活指導等を要する児童を入所させ、または保護者の下から通わせて、個々の児童の状況に応じて必要な指導を行い、その自立を支援し、あわせて退所した者について相談その他の援助を行うことを目的とする施設である。

近年、児童自立支援施設の状況は、入所している子どもの長期的減少傾向が続くなか、一方では、虐待を受けた経験や発達障害等を有する子どもの割合が増加する傾向にある。また、寮舎の運営形態においては多数を占めていた伝統的な小舎夫婦制が減少し、交替制へシフトする施設が増えるなど、施設の様相が大きく変化しつつあると言われている。

その一方で、少年法および少年院法の改正の動きのなか、従来、一四歳未満の触法少年等については児童自立支援施設等の児童福祉領域が対応してきたものを、少年院における処遇が求められるなど、児童自立支援施設は、あらためてその存在意義が問われてきている。国は、子どもの健全な発達・成長のための最善の利益の確保を目指し、取り組むべき課題について着実に一つひとつ解決し、具体的な成果を上げることを求めている。

しかし、われわれは、まずこの現状をどのように認識するべきなのだろうか、ということから考え始めたい。

そのために、児童自立支援施設で生活する子どもたち、それを見守り育む職員との関係性をあらためて問い直すことで、子どもたちの健全な発達、成長について考え始めたい。

本書では、この児童自立支援施設あるいは広く社会的養護に関連した研究、実践を行っている方々自らの経験を縦糸に、「生活」という言葉を横糸に、それぞれの考えを述べていただくことにしている。

なお、本書は標題にも、また多くの論考のなかにも「生活臨床」という言葉を採用、表記している。周知のように生活臨床とは「群馬の一地方を中心に発展してきた統合失調症の診断と治療体系」（伊勢田 2012）である。それは、患者本人の生活の仕方に注目し、生活全般を支援しようとするものであると理解している。

しかし、われわれは、これは統合失調症のある方々への支援を超えて、多くの生活に躓いている方々へも重なりうる考えと自覚している。それは生活臨床の提唱者の中心的存在である臺（2006）が「生活臨床は何よりも生活障害の改善をめざした治療であり、患者本人の「暮らし下手」「生き辛さ」を助けるもの」であると主張していることからも頷ける。本書で記述される「生活臨床」という文言は、その意味で広く生活病理（生活の難しさ）へ目を向け、生活全般を支援するということを表現しているとご理解いただきたい。

†文献

伊勢田堯 2012「生活臨床とはなにか――生活臨床の基本」『統合失調症患者の希望にこたえる支援』日本評論社
岩本健一 2007『児童自立支援施設の実践理論』関西学院大学出版会
下田光造 1929『異常児論』大道學館出版部

臺 弘 2006『精神医学の思想――医療の方法を求めて 改訂第三版』創造出版
山岸俊男 1998『信頼の構造――こころと社会の進化ゲーム』東京大学出版会
全国教護院協議会 編 1985『非行克服の理念と実践――教護院運営ハンドブック』三和書房

児童生活臨床と社会的養護

児童自立支援施設で生活するということ

目次

児童生活臨床と社会的養護

児童自立支援施設で生活するということ

第1章

児童自立支援施設の現状と課題

生活という視点から

相澤仁

1 引き継がれてきた「生活」についての考え方

児童自立支援施設の自立支援のあり方に多大な影響を与えたと評されているのが、ヨハン・ハインリッヒ・ペスタロッチの[1]「生活が陶冶する」という原理である。この原理こそが、今日まで引き継がれてきた「生活」についての考え方であり、「生活のなかの養育・教育」（生活指導、学習指導、作業指導）の根幹であると言っても過言ではなかろう。この原理に基づいて営まれている生活そのものが自立支援であり、その方法・技術なのである。

ペスタロッチは最後の作品である「白鳥の歌」のなかで次のように語っている（ドゥ・ガン＝新堀通也（訳）1955）。

生活が陶冶する。これこそ基礎陶冶における私のあらゆる実験に際して私を指導してきた原理であり、その結果を我々は今、道徳的、知的、産業的見地から考察しようとしているのである。

道徳的側面においては、基礎陶冶は家庭と結合している。その主要な方法は家庭の愛情（愛と信仰、換言すれば道徳と宗教の永遠の出発点として人類の中に神が植えつけ給うた自然的、本能的な感情）の中に見出さるべきであるから。〔…〕これは普通行われている教育の人為的にして不自然な方法をもってしては不可能であったろう。

知的側面においては、ここでもまた生活が陶冶する。何となれば生活は印象を受け取る力、語る力、考える力を順番に発達せしめるからである。〔…〕

語る力が生活そのものから出て来ない場合には、それを精神の諸力を発達せしめもしないし、また空虚な饒舌以外の何ものをも生み出さない。〔…〕生活そのものにおいて、我々は考える力を発達せしめる手段をも確かめなくてはならない。〔…〕

産業的ないしは芸術的な側面においてもまた、生活が陶冶する。〔…〕産業的ないし芸術的な力を発達せしめようとする練習は又、児童の生活の一般的環境によって規定されなければならない。〔…〕芸術と産業については、そこで、児童はまず彼の能力を使用し改善せしめる方法を、実際生活の条件と必要、又彼の家庭の中心において学び取らねばならない。学習は、労働の必要が感じられず、子供の手助けが必要とされない富める家庭においてよりは、生活の糧のために勤勉に労働しなければならない家庭における方が、ずっと実り豊かであり、ずっと価値がある。

ペスタロッチのいう道徳的側面、知的側面、産業的ないし芸術的側面を、自立支援の三本柱である生活指導、学習指導、作業指導に置き換えてみることができないだろうか。

武田清子（武田 1967）は、日本に最初にペスタロッチ思想を受け入れ実践したのは石井十次と留岡幸助であると評しているが、留岡がペスタロッチの影響を受けているのは、留岡が運営していた家庭学校の実践などからも見て取ることができる。

感化院時代から少年教護院時代において中心的な存在であった菊池俊諦（菊池 1923）は、「感化教育は、児童の陶冶性と、陶冶の必要とに立脚し、性格の更生を主眼とするもので、教育の可能並教育の自由を以て其生命とするもので〔…〕換言すれば、其生活を充実して、人格的自由に到達せしめんことを其主眼とするものである」と語っている。

教護院時代において中心的な存在であった青木延春（青木 1969）は、「反社会的性格の治療教育は心理学、医学、教育学または環境療法などあらゆる面から総合して全体として行われねば効果は薄い。〔…〕個別的治療教育の必要は誰しも知っているが、それを効果的に行うためにはそれより前に施設全体の運営が適正になされていなければならない。すなわち施設のあらゆる面が施設の根本目的に合致する様に、少なくともそれを破壊せぬ様に、さらに進んではすべてが治療教育そのものにならなければならない。これが全体療法的設計である」と語っている。

また、同じく中心的な存在であった石原登（石原 1986）は、「児童の情性が養育されるのに適した教護院というのは、ケースワーカーやセラピストである職員が児童を単に直接教育しようとしたり、治療しようとするのではなく、その中で生活していると、誰でもが自然に情性が成長し、豊かになるようなものを持っている、人的物的雰囲気の環境であることが必要である。[…] そういう教護院であるための条件は、「職員、家族、児童等全員と、院内環境の全部からの情緒の放出が豊かである」ことと要約してよい。そのために必要なことは、[…] 教えてやる、鍛えてやる、治療してやる等の指導者意識を持たず、ともに生活を楽しもうということだけを目指す（ここにいう楽しさは、人間として真の快適な生活を意味する）」と語っている。

さらに、その当時にテキストとして活用された『教護院運営要領（技術編）』（厚生省児童局 1956）でも、「技術というのは、部分的な、機械的な、個人的工夫とか、行動のみをさしているのではない。すべての子どもに共通して普遍的に行われている教護院の運営そのものが技術であり、指導プランすなわち教護システムそれ自体が技術なのである」と述べられている。

今日まで引き継がれてきた、留岡幸助の「三能主義」「流汗悟道」、生活教育の重要性を提唱していた留岡清男の「暗渠の精神」、青木延春の「with の精神」、石原登の「足の裏の哲学」といった理念は、自立支援のための生活共同体のあり方や日常生活における意識化しない有効なかかわり方・支援のあり方についての考え方である。

児童自立支援施設における自立支援とは、さまざまな生活状況のなかでも健全な社会生活を営むことのできる共生力を形成していくために、施設という生活共同体を構成している子どもや職員などの生活主体が、原則として施設内という特定の生活環境・空間や決められた生活時間・ルールという限定された範囲のなかで、より豊かで動的なバランスのとれたあたりまえの生活を送ろうと、相互に交流し影響しあいながら営んでいる生活過程そのもの、を意味しているのである。一言にいえば「生活による陶冶」であり「共生共育」である。

筆者は、このような生活を「動的調和的共生」[2]と呼んでいる。施設は生きものであり、施設内という限定された範囲においても、つねに生活環境は変化している。子どもや職員は、自身を変化（成長・発達）させながら、そのつねに変化している生活環境（人的・物的・自然など）への適応という動的な調和を図り、自他相互の自立や自己実現を目指し、他者と共に育ち合いながら、より豊かであたりまえの生活を営もうと努めている。このように、相互の自立や自己実現を尊重しつつ、よりよい生活を追求し続けるなかで、動的な調和のとれた豊かな生活をつくりだし、ともに成長し続けていく生活過程が「動的調和的共生」であり、児童自立支援施設の生活の基本的なあり方のひとつであると考えている。

2 児童自立支援施設の生活についての現状と課題

1 生活環境の整備（生活環境づくり）の強化

施設で生活している人をはじめ、寮舎の配置も住環境も行事も日課も規則もすべてが自立支援になることの意義を青木延春が述べていたように、施設のなかでの生活そのものが支援・治療になることがとても大切である。職員の職種やその専門性、職員の配置基準、子どものグループ構成といった人的構造、建物や寮舎の部屋の配置や設備（インテリアなど）といった物理的構造、施設内という制限された生活などの空間的構造、生活日課（一日の生活の流れ）、行事などの時間的構造、規則のあり方と違反したときの対応、子どもの自治などの社会的（規範的）構造、人間関係のつくり方やコミュニケーションの支援、グループダイナミックスの把握と支援など、施設での生活過程や生活環境などすべてが支援的・治療的に行われなければならない。

したがって、施設は、つねに、子どもに効果的に作用し影響を与える支援的・教育的・治療的働きかけとしての生活環境（物的・人的・自然環境）の整備を行うとともに、生活場面を支援的・教育的・治療的に活用することが必要であり、子どもやその集団の状況を踏まえながら、このような取り組みによって子どもが安全で安定した生活を送ることができる良好な生活環境づくりを行っていかなければならないのである。

1 支援の質の向上を求め続ける生活風土・文化の構築

児童自立支援施設は、これまで先人が築き上げてきた理念や伝統を重んじ、運営されてきた。もちろん、その良き理念や伝統を引き継いでいくことが重要であることは言うまでもない。その理念や伝統を正しく引き継いでいれば、施設内の風土や文化は支援の質の向上を目指して、変革されていくはずである。たとえば青木延春の「with の精神」に基づいた支援を展開するということは、子どものニーズに対応した共生共育をすることであり、子どもと同じ土俵に立って生活すれば自明のことだが、施設の組織変革や職員の自己変革を余儀なくされることを意味しているのである。理念や伝統を正しく受け継いできた施設は、つねに発展し続けるという風土や文化を築いてきたことになる。このような風土や文化をつくることは、生活を創り出すことを意味しており、子どもが社会生活を送るのに必要とするニーズに対応できる生活環境を整備することに結びつくのである。

しかしながら、この考え方や方法が施設の理念や伝統であると位置づけ、運営や支援のあり方を変えない風土や文化によって運営がなされている施設、いや変えることができない施設は、子どものニーズに対応した支援を行っているのでなく、子どもに施設や職員のニーズへの対応を強いている場合が多い。そうだとすれば問題である。

表1　被虐待経験の有無および虐待の種類

	総数	虐待経験あり	虐待経験の種類（複数回答）				虐待経験なし	不明
			身体的虐待	性的虐待	ネグレクト	心理的虐待		
里親委託児	3,611	1,138	348	56	764	174	2,219	237
	100.0%	31.5%	30.6%	4.9%	67.1%	15.3%	61.5%	6.6%
養護施設児	31,593	16,867	6,707	664	11,159	3,440	12,902	1,752
	100.0%	53.4%	39.8%	3.9%	66.2%	20.4%	40.8%	5.5%
情緒障害児	1,104	790	478	67	372	254	295	17
	100.0%	71.6%	60.5%	8.5%	47.1%	32.2%	26.7%	1.5%
自立施設児	1,995	1,314	782	422	597	276	528	142
	100.0%	65.9%	59.5%	32.1%	45.4%	21.0%	26.5%	7.1%
乳児院児	3,299	1,066	335	8	761	98	2,091	126
	100.0%	32.3%	31.4%	0.8%	71.4%	9.2%	63.4%	3.8%

（注）総数には不詳を含む。

2　専門性のある人材の確保・充実

「福祉は人なり」と言われているように、人的環境として、子どもと楽しみながら生活できるセンスやバランスのある豊かな生活者（ジェネラリスト）としての人間性と謙虚に学び続ける専門性を兼ね備えた人材を確保することは、時代を超えて、最も重要な課題のひとつである。施設に入所する子どもは、かかわる人の心の根を見抜いてしまうので、少なくとも子どものあるがままを純粋に受け入れかかわることのできる職員を確保することが必要である。

児童養護施設等児童調査結果（平成二〇（二〇〇八）年二月一日現在）である「表1　被虐待経験の有無および虐待の種類」をみるとわかるように、児童自立支援施設においては、虐待を受けた経験を有する子どもの割合は六五・九％であった。特に他の児童福祉施設と比較して、突出して多いのが性的虐待であり、入所児童のうち三二・一％の子どもが性的虐待を受けている。特に性的虐待については、他の虐待に比して、子どもに深刻な精神的な問題や行動上の問題を生じさせるリスクが高く、早急かつ適切なケア・治療が必要である。

また、本調査結果によると、ＡＤＨＤ（注意欠如・多動性障害）、アスペルガー症候群といった発達障害などの特別な支援、配慮を必要とする子どもの割合は、三五・四％（前回二七・三％）と増加傾向にある。

このような入所児童のニーズに適切に対応することを勘案すれば、児童自立支援専門員などのケアワーカーの充実はもとより、心理的なケアを行う心理療法担当職員などの充実が急務である。

しかしながら、全国児童自立支援施設運営実態調査結果（平成二三（二〇一一）年三月）によると、約三分の一の施設に心理療法担当職員が配置されていないのが実状である。このため、心理療法担当職員の配置はもとより、複数配置など手厚い人員配置を行うとともに、職員の専門性の向上を図る養成研修を充実させながら、運営と支援の質の一層の向上を目指すことが必要である。

3　家庭的な支援形態の維持・拡充

子どもは、特定の養育者が共に生活をし、一貫性・継続性のある養育・支援や暖かさやくつろぎのある家庭的な環境のなかで、手間暇をかけられながら育まれるべきである。子どもは、職員や他の子どもと生活を共有化し、家庭的な暮らしを共につくっていく過程を通して、社会生活を営んでいくための基本的な力や自立心などを育成していくのである。

児童自立支援施設においては、伝統的な小舎夫婦制や小舎交替制という支援形態で、家庭的な支援を一世紀以上にわたって実践してきたが、近年は小舎夫婦制・交替制が漸減している。国は、家庭的養護やグループケアなどの小規模化を推進している。児童自立支援施設の支援形態も可能な限り、家庭的な生活を営むことができる形態である小舎夫婦制を、少なくとも小舎交替制を維持・拡充していくことが必要である。

4　支援に適した枠のある生活環境

無断外出、いじめといった施設内における子どもの行動上の問題の多発化は、一般的に施設内の生活秩序を破壊し、施設の効果的な運営ができない状態を生み出すことを意味する。それゆえ、施設内における行動上の問題の多発化を抑制し、施設内の生活秩序の維持を確保することは、子どもの自立を目指して行う生活のなかの支援・教育・治療などを成立させる前提条件である。

病気になった人が健康になるための病院にも日課や規則があり、患者が治療効果を高めるために病院内で規則正しい生活を送ることと同様に、入所した子どもは、健やかな自立をするために、自然に恵まれた施設内で規則正しいリズミカルで豊かな生活を送ることが必要である。すなわち支援効果が期待できる、枠のある生活環境のなかで生活することが重要なのである。ただし、この枠とは、決して固定的な枠ではない。子どもの状態に応じて柔軟に調整できる枠である。応用のきく枠のなかで生活を営むことが求められているのである。家庭の規則などにおいても、それは一定一律のものではなく、暮らしのなかで変化していくものである。規則・決まりだから、例外なくどの子どもにもあてはめることが困難であることは、真に子どものニーズに応じて支援しようと取り組んだ経験のあるものであるならば、わかるはずである。

支援に適した枠のある生活環境とは、子どものニーズを充足するために、柔軟に動かしながら整備した生活環境（人的・物的・自然環境など）のことを意味しているのである。これからも、不安定さや不確定さを前提にしつつも、子どものニーズに応じた動的なバランスのとれた枠のある生活環境づくりが求められているのである。

5　支援を促進する雰囲気づくり

雰囲気は、日常生活において、意識されずに人間に影響を及ぼす機能をもっている。長期間にわたり、その居場所で生活を営んでいると、その居場所の雰囲気を享受してしまい、気づかないうちに自分がその雰囲気に影響を受けている。

したがって、施設がつくるべき雰囲気というのは、愛情と理解のある雰囲気である。子どもが

「愛され大切にされている」「理解してくれている」と感じられる雰囲気をつくることが必要である。

生活の場である寮舎による雰囲気づくりも大切である。寮舎の雰囲気は、たとえて言うならば、炭火のような雰囲気になっていることが望ましい。やさしい、包み込むようなぬくもりのある炭火で、さりげなく寄り添いながらゆっくりと暖め、安心感・安全感・信頼感を与えるような家庭的な雰囲気、ホッと一息つけるようなやすらぎを与える安全基地のような雰囲気になっていることが必要なのである。そのためには「笑い」や「ユーモア」があり、「意見表明」や「自己主張」しやすい雰囲気づくりが大切である。特に年少の子どもの表情が豊かで笑いが多く見られ、自分の気持ちを表出しているような生活になっていることが大切である。

2　子どもの権利擁護の強化・充実のための生活

1　四つの権利を確保した生活

施設職員による入所児童への虐待事例が数多く報告されており、被措置児童虐待の予防など児童自立支援施設における子どもへの権利侵害を防止するための取り組みが、喫緊の課題である。

そのためにも「生きる・育つ・守られる・参加する」という四つの権利を確保した生活を営むことが必要である。子どもの四つの権利を保障するためには、施設組織自体が活力のある運営、成長・発展する運営、役割を果たす運営などを行うこと、あるいは職員自らがモデルとなって健やかに生き、人間として成長・向上し、積極的に支援に取り組むなど四つの権利を遂行し、その責任を果たしていくことが必要である。

多くの子どもは、虚勢を張って突っぱるなど、いわゆる非行といった外在化した行為、症状を表出するが、個々の子どもをアセスメントしていくと、その背景に共通してみられる心理は、分離不安・見捨てられ不安・見通しがもてない不安・新たな関係性に対する不安などの「不安」であることに気がつく。

このように不安感にさいなまれている子どもに対しては、日常生活のなかでの子どもとの愛情のこもった適時適切なコミュニケーションによって、職員は、「かけがえのない大切な存在であること」「決してこちらから見捨てることはない、いつもそばにいて必要なときに手をさしのべること」などをくりかえし伝え続けることが必要である。このような「関係性の三大栄養素」[3]である安定感（安心感・安全感）・信頼感・満足感が得られるような相互交流の過程を通して、子どもは、「人間に包み込まれ安定した保護を受けている」「この場所は安定した自分の居場所である」「危機的な状況や混乱した状況になっても回復・修復できるように支援してもらえる」「人間として価値があり認められ受け入れられている」という感覚・認識などを育み、「自分はこの世に生まれてきてよかった、生きてきてよかった」という感覚・認識を形成していくことが極めて重要なのである。

ところが、子どもが安心して自分を委ねられる存在になるべき職員が、不安感や不信感をもった不安定な子どものなかに身を置くことにより、「子どもはトラブルばかり起こして支援や指導ができなくなるのではないか」といった不安感を募らせてしまう場合が少なくない。この不安感を解消するために、多くの職員は、規則や罰の強化、反省日課による行動の制限、スポーツなどによる鍛錬、外泊などに対する基準の強化など、枠組みを強化してしまい、子どもの問題発生を予防してしまうのである。

大切なことは、子どもが再三再四起こすトラブルに適切に対応して解決を図り、子どもの不安を解消すること、守られているという感覚や認識を形成してもらうことである。それにもかかわらず、職員が自身の見えない不安感を調整できないために、子どもをコントロールすることで安心を得ようとしている場合や、本務であるトラブルのあとしまつを嫌がり予防的対応を強化している場合が少なくないのである。

2　子どもの最善の利益のための特別な保護および援助

一時的または恒久的にその家庭環境を奪われた、あるいはその家庭環境にとどまることが認められない子どもは、国が与える特別の保護および援助を受ける権利を有している（「子どもの権利条約第二〇条」参照）。したがって、施設は、子どもの最善の利益を考慮して特別な保護および援助を行わなければならない。

児童自立支援施設に入所する子どもを正規分布曲線のなかに位置づけてみると、端に位置する子どもがほとんどである。正規分布曲線の中央付近に位置する子どもには、マニュアルなどを使って支援すれば、一般的な家庭・学校・社会生活を送ることができる。

しかしながら、正規分布曲線の端に位置する児童自立支援施設に入所している子どもは、マニュアル通りにはいかない。その子どもに応じた個別的な創意工夫が必要である。この創意工夫によって一般的な家庭・学校・社会生活を送ることができるようになる。この創意工夫こそが、特別な保護および援助である。

一般的な家庭・学校・社会生活を送るためには、その子どもらしさや子どもの状態などに応じて、必要な配慮ある特別な保護および援助が必要になる。すなわち、特別な保護および援助こそが自立支援の専門性である。その子どもらしく家庭・学校・社会生活を送るために、その子どもに応じた特別な（自身に適した）保護および援助の仕方を、子ども自身が身につけていくことが必要になる。

生活習慣病の人は、その症状に応じた配慮を行いつつ、健常者と同様な生活、それ以上にバランスのとれた健康的な生活を営みながら、その回復を図る。それと同じように、施設入所児童も、行動上の問題などの状態に応じた配慮をしながら、健康な子どもと同等あるいはそれ以上にバランスのとれた豊かな経験や規則正しい生活を営む場を確保しなければならない。

一般的な家庭・学校・社会生活を送るなかで、子どもにどのように配慮ある支援を提供すれば社会適応できるのか、それを検討し提供することが重要になる。この提供の過程によって、子どもは自分を発見したり、自己認識を深めたり、自己治癒力を引き出したり、主体的に育ちなおしをしたりしながら、自分に対する特別な保護および援助の仕方を身につけつつ、適応力などを形成していく。したがって、より一般的なあたりまえの家庭・学校・社会生活を送ることが必要であり、そのなかで、個々の子どもに適した特別な保護や援助のあり方を提供していくことが求められているのである。施設生活と社会生活にギャップがあればあるほど、子どもの退所後の適応は困難になる。障害者のために段差をなくした住環境が整備されているのと同様、スムーズに社会生活を送れるように、施設での生活環境も社会生活と可能な限り差異のないものを整備すべきである。施設内で良い生活をした子どもが、退所後にすぐに不適応状態になってしまう大きなひとつの原因は、施設生活と社会生活との差が著しいからである。

その施設の生活が一般的な生活に近づいているか否かが、その施設の専門性の質を表しており、一般的な生活に近づいていることは、個々の子どものニーズに応じたより質の高い特別な保護および援助ができていることを意味している、と筆者は考えている。

3 個々の子どものニーズを充足するための集団生活づくり

1 個別化を認め合う集団生活づくり

今日まで、施設は、個々のニーズに応じて特別な保護や援助を行うことよりも、日課や行事を中心にして、グループの集団的な活動によって、すべての子どもに一定の同質的な保護や援助をするというやり方にウエイトを置いた支援を行ってきた。

また、施設は、子どもの相互交流による影響力や子ども集団の包容力などを活用しながら、良質な集団生活を基盤にしながら、子どもの自立支援を展開してきた。職員の通訳者や解説者としての役割を果たしてくれた子どもも数多く存在した。

ところが、ここ最近では発達障害のある子どもなど、子ども同士で相互に配慮し合いながら人間関係をつくっていくことが苦手な子どもが増加傾向にあり、以前のように子ども集団を活用して子どもの自立支援を展開することは困難になってきている。これまでは、一定の同質的な保護や援助をするという方法によって実践を展開していたとしても、多くの子どもがその方法に合わせてくれるだけの柔軟性や適応力があったために、その方法の問題性は浮き彫りにされてこなかった。しかし今日では、このような方法では集団生活が成り立たないような状況を呈し始めているというのが否めない現状であろう。

行動上の問題かつ心理的な問題や障害のある育ち・育てなおしが必要な思春期の子どもとの生活は、乳幼児期の子どもとの生活のように、やさしく丁寧に手間暇かけた世話をしながら営んでいくことが大切である。

新しい生活課題に取り組むことに不安を抱いている乳幼児期の子どもに対して、養育者は、まず、愛情をもって不安を拭うように、できそうな簡単な課題を、いくつかのパーツに細分化して、絵、カード、映像などを使ってわかりやすく丁寧に説明する。次に養育者は、子どもと一緒に行いつつ、その子どもの能力や特性などに応じて補助器具を用いて介助しながら、できたらすかさずほめ、何回も練習させることによって、新しい生活課題の達成につなげていく。こうした乳幼児期の子どもに対するアプローチのように入所している子どもに対しても支援すれば、ほぼ間違った対応には至らない、と筆者は考えている。

これから先は、どこの施設においても、より発達に問題を抱え、集団生活が苦手な子どもが増加し、今までのような集団での支援が困難な状態になっていくことが予想される。

どんな病気で入院しても、病院での生活のルールは大枠では一定一律であろうが、その病状によっても、また病気の種類によっても異なってこよう。外科・内科・眼科では、食事制限や行動制限あるいは治療内容・方法には差異が生じるのはあたりまえのことである。

では、施設においてはどうであろうか。大枠においては一定一律であるが、個々の子どもの状態やニーズに応じて差異が生じるのは当然のことである。ある子どもには認められても、ある子どもには認められないことがあってもしかるべきである。

筆者が寮舎担当職員をしていたときに、同じ作業場面で、ある一定の期間、ある子どもには一人で最後までやり通す課題に取り組んでもらい、ある子どもには協力し合いながら集団で行わないと達成できない課題に取り組んでもらったことがある。そこには、一人の子どもには一人で最後までやり通す自己統制力をつけてもらうねらいがあり、一人の子どもには協調性や社会性を身につけてもらうねらいがあったからである。個々の課題に応じて支援を提供することこそが当然であり、あたりまえの支援である。その違いについて子どもからの苦情の訴えがあれば、わかりやすく丁寧に説明し、納得してもらうことが大切である。

筆者の実践からも言えることであるが、このような個別化した支援による生活を展開し続けていると、やがて、それぞれの子どものニーズに合った個別化された支援を、子ども集団は、相互に受け入れ認め合うようになるのである。これからは、このような個別化を認め合う集団をつくっていくことが必要になっていく。

2 個々の子どもの良さ・強みを認め合う集団生活づくり――相互に補い合い・ほめ合う集団生活づくり

子どもの問題性の改善にばかりウエイトを置くのではなく、子どもの良さや強みを伸ばすためには、子ども集団を活用することが有効である。思春期の子どもは、職員との関係もさることながら、子ども間の影響力のほうがはるかに大きい。職員に認められるよりも他の子どもに認められたほうが、子どもの自己肯定感はより育まれる。

したがって、職員は生活のなかでほめることのできる場面を見つけたら、すかさずほめるような支援を継続的に行い、子ども同士でも相互にほめ合う集団をつくることが大切である。

それとともに、子どもの良さや強みを活用した取り組みを日常生活のなかに盛り込み、他の子どもから賞賛を得られるような機会を確保することも必要である。例えば料理の得意な子どもがいれば、寮炊事のときに得意料理を作ってもらい、認めてもらえた経験によって、子どもはさらに自信を強化し、精神的安定を図ることになる。

このように子どもの集団生活の場が、個々の子どもの良さや強みが発揮できる居場所となることが、集団の安定に結びつき、個々の子どもの自立を促進するのである。

4　個人的居場所と社会的居場所の確保

子どもが健全な社会生活を営んでいく上で、特に必要なものの一つは個人的な居場所であり、もう一つは社会的な居場所である。この二つの居場所を確保することが、子どもが社会適応していくためには必要である（図1参照）。

ここでいう個人的な居場所とは、休養したり自分を取り戻したりする安全基地を意味しており、

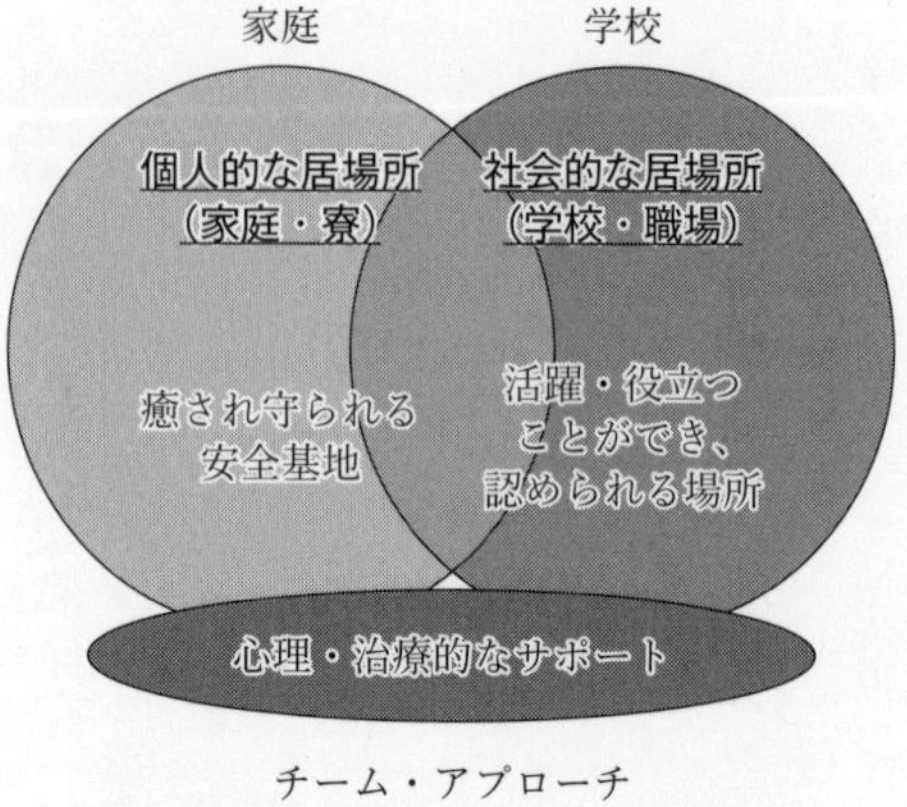

図1　子どもが育つために必要な二つの居場所

その代表が家庭である。他方、社会的居場所とは、自分自身がポジティブに活動でき、他者から自分の存在価値や能力を認められ、評価してもらえる活動場所であり、その代表が学校や職場である。この二つの居場所が十分に機能すれば、子どもの社会適応への可能性は高まる。

したがって、この二つの居場所を施設内で確保することが極めて重要だと考えている。

施設内での個人的な居場所は寮舎であり、社会的な居場所は学校（分校・分教室）である。それぞれの居場所がそれぞれの役割を果たすことが大切である。そのためにも、施設内で生活している寮担当職員は、「住み込むのではなく住みつくこと」が大切なのである。

しかしながら、学校場面での行動上の問題への対応などにおいて、寮担当職員が、子どもを抱え込みすぎて、その判断が優先され、二つの居場所の機能を失いかねないような状態になる場合がある。あくまでも、寮舎は個人的居場所として機能し、学校は社会的居場所として機能するように、それぞれの領域でそれぞれが役割を果たせるように役割分担をして、独自の居場所づくりを行い、その居場所のなかで子どもが子どもらしく生活できるように支援を展開することが必要である。

3　児童自立支援施設のめざす方向性

最後に、石原登が一九六〇年代に講演メモとして認めた「私のめざす教護院」のなかから一部を紹介して締めくくりとする（石原 1986）。

教護院である以上、非行管理を必要とし、そのためにはある程度の自由の制限、教育的制裁を考えなければならないが、できる限り児童が生活に魅力を持つことと、全体や児童のグループの雰囲気の力が児童自身を監督し、一般的な自由制限や制裁が次第に減少し、不要になっていくような努力をすること。

植物を育てる時、植物そのものにあれこれ直接手を加えるより、植物の生育に最も適した土地、環境に植えることが、よく育つための最大の力となる。教護院は非行児童にとって、そういう土地、環境であることが第一だと思う。

†註

1 ヨハン・ハインリッヒ・ペスタロッチ／スイスの教育家（一七四六―一八二七）。ルソーの影響を受け、孤児の救済・教育や民衆教育の改革に尽力をそそぐ。人間性の陶冶の基礎は家庭および初等教育にあるとし、人間の諸能力の調和的発展を教育の目的とする理念や実践は、近代西欧の教育界はもとより、我が国の教育界にも大きな影響を与えた。著『隠者の夕暮』『シュタンツ便り』など。

2 動的調和的共生／人間は、今関係している生活環境のなかでよりよく生きるために、動きつつ止まり、止まりつつ動きながら、生活環境と自己とのバランスをとりながら生活を営んでいる。すなわち、これは、変化していることが常態である自然・社会・人間などとの生活環境に対して、変化している自己が、生活資源などを活用しながら動的調和的な関係を図り、自他（人類、生態系）の保存、実現をめざしながら、健全な自立した社会人として他者（生物、自然）とともに生活していくことを意味している（全国児童自立支援施設協議会 2000『非行問題』206：136-140 を参照）。

3 関係性の三大栄養素／食の三大栄養素が「炭水化物」「タンパク質」「脂質」であるとすれば、関係性の三大栄養素は「安定感（安心感・安全感）」「信頼感」「満足感」であると筆者は考えている。多くの社会的養護の下で生活している子どもが持っている心理は、不安定感（不安感・恐怖感）、不信感、不満感である。社会的養護関係者は、子どもが、日々の生活でのなにげない時間を共有するなかで、豊かで温かな人（職員・仲間など）との人間的な交流を通して、「安定感（安全感・安心感）」「信頼感」「満足感」を得られる支援を提供できるように、努めなければならない。

†文献

青木延春 1969『少年非行の治療教育』国土社 pp.168-169
ドゥ・ガン［新堀通也（訳）］1955『ペスタロッチ伝』学芸図書 pp.460-464
石原 登 1986「私のめざす教護院」「石原登先生の思い出」編纂委員会『石原登先生の思い出』pp.85-87
児童自立支援対策研究会（編）2005『子ども・家族の自立を支援するために——子ども自立支援ハンドブック』日本児童福祉協会
菊池俊諦 1923『感化教育』教育研究会 pp.58-59
厚生労働省雇用均等・児童家庭局 2009「児童養護施設等児童調査結果」（平成二〇年二月一日現在）
厚生労働省雇用均等・児童家庭局家庭福祉課監 2002『子どもの権利を擁護するために』日本児童福祉協会.
厚生省児童局 1956『教護院運営要領（技術編）』日本少年教護協会 pp.6-7
武田清子 1967『土着と背教——伝統的エトスとプロテスタント』新教出版社
全国児童自立支援施設協議会 2011a「児童自立支援施設の支援の基本（試作版）」
全国児童自立支援施設協議会 2011b「全国児童自立支援施設運営実態調査」

第2章 生活臨床の実践

施設職員への聞き取り調査から明らかになったこと

橋本和明

1 はじめに

発達障害児は周囲や環境とのバランスが取れず、その結果として法規範などの枠を逸脱してしまうことがある。特に、自我が成長する児童期から思春期、青年期にかけてはその傾向が高まり、時には警察沙汰になるという非行問題にまで発展してしまう。

そのような子どもと接していて、定型発達児とのかかわりとは少し違う別の視点からのアプローチが必要であると感じることがある。たとえば、定型発達児の場合であれば、自分の行為を振り返らせ、内省を促したり、被害者に配慮させるといった対応がなされるのが一般的である。もちろん発達障害児の場合もそのようなアプローチが大切であることに違いはないが、自分を客観的に振り返る力が弱かったり、他者への配慮がしにくい特性があるゆえ、このやり方ではなかなか行動改善につながらないことも多い。なかには、本人自身も自分がなぜそのようなことをしてしまったのか理解していない場合もあり、内省を強く促すとパニックになったり混乱を招きかねない。

筆者はこれまで数多くの発達障害児の非行のケースを見てくるなかで、彼らの生活そのもののうまくいかなさが逸脱行為と何らかの形で結びつきやすいと考えるようになった。たとえば、それまでさほど暴力的ではなかったにもかかわらず、最近はカッとなってすぐにクラスメイトに暴力を振るう発達障害児がいたとする。彼には被害者となった相手にイライラしたとか、恨みを抱いていたといったことがなかったので、なぜ暴力を振ったのか動機が周囲には理解しにくかった。しかし、彼の生活全般に目を向けると、最近はゲームに夢中になって深夜遅くまで起きていることが多く、日中は睡眠不足もあって、イライラすることが多くなっていることがわかった。あるいは、新学期を迎え、担任教諭やクラスメイトが替わり、本人なりになじみにくさにヤキモキしていた。要するに、彼の行動（暴力行為）だけに注目するのではなく、どこかに生活の躓きやうまくいかなさがあるのではないかと考え、生活全般にアプローチしていく。発達障害児の場合、これが意外と効果的で、生活面でのちょっとした躓きが逸脱行為と結びついていることがわかる。

しかし、このような生活の躓きを取り上げ、それを円滑にさせるような生活臨床の視点をもった取り組みはまだ少ない。教育現場を見ても、発達障害児への学習指導の方法についてはずいぶん論じられるようになったが、生活をターゲットにしたかかわりはまだまだ不十分と言わざるを得ない。

そこで、筆者らは生活を重視した子どもとのかかわりを研究テーマに掲げ、非行傾向を有している児童が入所している児童自立支援施設の取り組みに注目した。児童自立支援施設は児童福祉法四四条に規定のある児童福祉施設で、以前は感化院、後に教護院と呼ばれた。ここでは、これまで家庭環境が悪かったり、不良行為を続けてきた子どもを受け入れ、生活を見直し立て直すことで、非行からの更生を図る実践が続けられている。近年、このような施設に発達障害の診断を受けた児童や、診断は受けていないまでも、発達の遅れを感じさせる児童が多く入所するようになっている。そして、児童自立支援施設の職員（児童自立支援専門員や児童生活支援員をはじめとし、心理司や医師、栄養士など）は、そのような児童に対して生活を共にしながらのかかわりを土台にし、地道な実践を続けている。

実は、このような児童自立支援施設での生活を中心にした実践が、非行に限らず、発達障害児の特性を有する子どもはもちろんのこと、そうでない子どもにも非常に有効ではないかと考えている。なぜなら、最近では家庭においても生活を軽視するような風潮があり、生活がないがしろにされ、そこでの歪みが子どもに如実に現れているのが見て取れるからである。このようなことから、児童自立支援施設における生活臨床のあり方を詳しくみてみたいと考えた。

調査対象と方法

（1）二〇〇八年一一月から二〇一〇年七月までの一年八カ月の間に、全国の児童自立支援施設のなかから協力の得られた六つの施設を筆者ら調査員が訪問し、施設職員にインタビュー調査を実施した。対象者は単独あるいは複数で計三一名、回数は計三二回（約四六時間）となり、同一職員に複数回インタビューを実施することもあった。

（2）インタビュー調査は半構造化面接で行われ、「児童とのかかわりのなかで一番心を配っている場面とその理由」「これまで児童とのかかわりのなかで苦労した点とそこから学んだこと」「発達に遅れがあり日常生活や学習が円滑に行かない児童に対する配慮や実践」「児童の自立に向けて実践していることやアフターケア」などを調査項目とした。

（3）分析方法としては、質的研究法であるグラウンデッド・セオリー・アプローチ[1]を用いた。分析者がインタビューの逐語録を読み、発達障害が疑われる非行少年へのかかわりで重要と思われる箇所や具体的な出来事を抽出してコード化し、類似したコードを集めてカテゴリーを生成した。さらに、その内容やカテゴリー同士の関連性に基づき、分類の再編を繰り返して仮説的知見を生成した。

結果

分析の結果、抽出されたコードは三三二項目あり、構造面では三つのカテゴリー、かかわり面では八つのカテゴリー、自立面では一つのカテゴリーが生成された。

② 児童自立支援施設という場

1 個別指導と集団指導を調和させる

†〝先生と生徒〟という一対一、もしくは縦の関係だけではなく、集団ならではの〝子ども同士〟という横の関係も活用しながら指導をする。これによって多面性や柔軟性がもたらされたり、個別と集団の相乗効果が生み出される。

二〇〇七年から特別支援教育が始まり、子どもの特性に応じた教育の提供が求められるようになった。そのためか、教育関係者のなかには、発達障害児には個別指導でなくてはならないという考えに凝り固まった人も見受けられる。しかし、本来の特別支援教育が言わんとすることは、通級指導も含めた、その子の能力にあった適切な教育のあり方を個別的に考えていくということである。言うならば、個別指導も集団指導もどちらも有効に活用していくことが求められているのである。

児童自立支援施設では一〇名前後の児童が同じ寮舎で生活する小舎制のところもあったり、それよりも人数の多い中舎制あるいは大舎制を採っているところもある。いずれも集団生活が基本である。しかし、なかには生活のペースが他の児童と合わなかったり、集団のなかにいることで自分を見失う子もいる。そんな場合は、個別指導を重視した取り組みをすることで、その児童の本来もっている力を発揮させるように工夫がなされる。

エピソード１

集団の輪に入れず、状況判断が悪い子がいた。しかし、マンツーマンでは状況に合わせて自分の能力を発揮できる。たとえば、マラソンでもその子は全体で走るとなるとまったく走れないが、先生と一対一で走るとかなり走れる。この例からも、個別と集団のバランスを取りながら、集団でうまくいかなくても、個別の指導を有効に活用することの大切さがわかる。

思春期あるいは青年期は、これまでの児童期と比べて、自分と他者がどのように違っているのか、自分はどのような存在であるのかという意識をもつ。いわば自我の目覚めが活性化する時期であり、これは発達障害児にとっても同じである。これまで発達障害の特性もあって、あまり周囲のことに関心を向けなかったり、自分というものを客観視して考えなかった人でも、思春期になってくると嫌でもそれに向き合わせられる。そのために、これまでにない不安や葛藤を感じることとなる。実は、このことは発達のひとつの証でもあり、子どもが大人に成長していく過程には、この課題を誰しも通過しなければならない。大人との関係においてはすぐにギブアップしたり手を差しのべられるのを待っていたかもしれないが、同年代の者に対してはプライドもあるのでそうもいかない。周囲ががんばっているのに自分だけが簡単にはギブアップできないと前向きに取り組んだりすることで、少しずつでも自信をつけたりもする。

エピソード2

今の子は自分とは関係ない、自分とは違うと思うと自分から切り離していく傾向にあるが、先生が「違って当たり前、それが個性」としっかり説明してやる。違いがあるから社会や人間関係はおもしろいことを教える。

右のエピソードにあるように、現代の子どもたちは、以前と比べて関係性の希薄ななかで暮らしている。そのためか、ちょっとしたことに対しても大きな傷つきを体験したり、かかわりを避けたりする。そんな子が思春期・青年期に突入すると、自分が人と違っていることに過剰な劣等感を抱いたり、損得ばかりに目が向き、自分とは関係ないことには無関心となってしまいやすい。ところが施設では集団生活であるがゆえに、自分の良いところも悪いところもさらけださざるを得ず、その際に職員が個々の違いを尊重したかかわりをしっかりしていく。すると、子どもたち自身も互いに違いを認め、つながりを築いていける。

エピソード3

子どもの個別性を認めるということは、その前提として、どの子もここではしっかりやれるということが基本になっている。新入生や低学年の子どもはすぐにみんなと一緒のことはできないが、いずれはできるということを、職員も先に入所してきた子どもも知っている。なぜなら、この施設では生活を重視した取り組みをしているからである。学習面や運動面ではできることとできないことの開きが大きいかもしれないが、生活というのは誰でもしていることであり、発達障害であろうがなかろうがしなくてはならない分野である。

施設での集団指導と個別指導の両面が有効に機能するためには、職員と子どもの縦の関係だけではなく、子ども同士の横の関係が同時に成立すること、あるいは違って当たり前という個性の尊重が大切であることはすでに述べた。さらにもうひとつ、児童自立支援施設の実践で重要な視点は、「ここでは誰でもしっかりやれる」ということを前提としたかかわりである。学習や運動ではその人がもっている能力によって、できることとできないことに差が出てくるかもしれない。しかし、この施設での実践は生活を基本に置いており、それは誰でもしっかりできるという考えが根底に流れている。食事をしたり、睡眠を取ったり、挨拶や掃除をしたり、休憩を取るということはどんな人でもしている。大人であろうが子どもであろうが、発達障害があろうがなかろうが、それは同じである。

2 新たな枠を提供し、活用させる

†これまで枠がなかったり、枠を取り違えてきた子が非行少年には多い。施設の生活や指導を通じて新たな、より適切な枠を身につけさせる。ここでいう枠は〝縛り〟ではなく、基本的な生活習慣や生活ルールのことである。

筆者（2011）は、非行臨床は「枠の臨床」であると述べた。つまり、非行という行動は、何らかの枠からの逸脱行動であり、その枠とは一般的に法律やルールを指すことが多い。ただ、枠はそれ以外にも、毎日しなければいけない日課や門限などの外面的な枠もあれば、自分に言い聞かせて己を律するような内面的な枠もある。

施設に入所してきた子どもはどこか枠を取り違えてきたため、社会的な不適応を招いてきたと考えられる。施設に来て、新たな枠を提供され、これまでの枠の修正を図ったり、内面の枠を強固にする取り組みがなされる。その枠のもっともわかりやすいひとつが、基本的な生活習慣なのである。

入所当初、子どもたちはその枠が自分を制約し、行動を縛るものとして受け取りがちであるが、それに慣れてくると、枠のなかにいて、そこからはみださないことが実に気持ちのよい、すがすがしくて快い感覚をともなってくる。あるいは、枠は自分を守ってくれたり保護してくれるものであることも知る。

3 職員間の阿吽の呼吸が変化を促す

†職員間で円滑に連携が取れていると、一貫性があり、かつ柔軟な指導ができる。子どもを全体的に見ることもできるし、問題を見逃すことなく（場合によってはあえて見逃すことで）タイミングよく介入できる。

これまで施設は小舎夫婦制で営まれているところが多かったが、今ではその割合が激減し、職員の交替制を採る施設が増えてきている。しかし、夫婦制であっても、交替制であっても、職員間の息の合った子どもへのかかわりが事態を好転させていく。

エピソード4

外出からお土産を持って戻った子どもが、浮かれて自慢ばかりして嫌な空気になった。寮長が「ええかげんにしろ」と一喝。場が緊張したが、寮母は「今日ぐらいはいいよね」と一言フォロー。すると、その子どもも態度を変え、（土産を）みんなで分けようかと言い出して、場の空気も温かくなった。家庭でのお父さんとお母さんの関係。お父さんがきつく怒ったらお母さんがかばう。

このエピソードにあるように、ある問題を改善させようと職員が子どもに直球ばかりを投げて指導をしても相手は受け取りにくい。時には変化球やスローボールを投げてみることも必要である。それを一人の職員がするのではなく、呼吸の合った職員が自分の役割を意識しながら行うと、子どもにも受け入れやすくなる。たとえば、寮長が注意したことを、寮母がその後にタイミングを見計らい、噛み砕いて子どもに説明する。すると、寮長が同じことを二度言うよりも効果は倍増する。

しかし、この職員間の阿吽の呼吸はすぐには築けるものではない。次のエピソードにあるように、パートナーとして職員を見て、自分を追求し高めていく研鑽の姿勢が大切なのである。協力体制や連携、バランス感覚と一口で言うのは簡単であるが、そこには相手をよく観察し、さらに自分を振り返る力がないと到達できない。

エピソード5

寮長は寮母を自分の鏡のような存在にしていたからこそ、子どもが自分を振り返ることを可能にさせる。夫婦としての相補性だけではなく、夫婦としてのあり方をしっかり見つめた阿吽の呼吸があり、それが互いの動きを察知した協力体制、バランス感覚を、子どもたちのなかに自然に生みだす。

③ かかわるということ

1 人とのつながりが人を変えていく

†子どもたちと二四時間生活を共にし、共同しながら作業をする経験を通じて人間関係を築いていく。それが子どもの成長を促し、希薄な人間関係しかもてなかった子どもや、虐待で傷ついた子どもをも変えていく。

児童自立支援施設にはこれまで親から虐待を受けてきた子どもや、発達の遅れがあり学校でいじめを受けてきた子どもなどさまざまである。そのため、人間関係にどこか安心感を抱けず、人とのつながりに怯えや不安を感じる者も少なくない。そのような子どもに対して、ここでは職員らと二四時間生活を共にし、一緒に共同作業などを行うことを通じて、次第に関係を構築していく。ここでは、その関係が子どもたちを成長に向かわせ、傷ついた心をも回復させていく。

エピソード6

洗濯当番である子がうまくできなくて、仕事をほったらかしにしておいた。寮母は自分で責任をもってやりなさいとは言わず、黙って洗濯をしておいてやった。その子はそれに気づき、先生ありがとうと言ったり、今度は新しく入所してきた子に「寮母先生がすることになるからやっときや」と教えたりする。下座に徹するというか、高いところから、上からというものがない。施設の子どもには悲しみ、傷み、怒り、怨念のようなものがあり、その裏には愛してほしい、大事にしてほしいという要求がある。それは上から眺めていては指導できず、水平視線、水平思考、水平姿勢が必要となる。つねに子どもの視線で子どもの気持ちをできるだけわかりながらかかわっていく。

世の中には人を変えたり、心の回復を目的にした技法や訓練が数多く出回っている。ただ、この施設では、職員や子どもたちが生活を共にするという共通体験を土台にしながら、心のなかにいかに人を住まわせていくかを目指している。職員と子どもは同じ視線や思考、姿勢で共通体験を積みながら、かかわりを深めていく。決して、上から目線で子どもに物事を押しつけたり、させたりするわけではない。次の二つのエピソードにもそのことが如実に示されている。

エピソード7

喘息がひどく夜中に何度も起こしに来ていた子どもに、寮母が子守唄を歌いながら添い寝をしてあげた。しばらくしてその子は「寮母さんには迷惑をかけないようにします！」と言って自発的に薬を飲むようになり、夜中に起こしに来ることがなくなった。夜尿の子どもに対しては、他の子どもにばれないように布団を干してあげるようにしていたら、「迷惑をかけてはいけない」とすぐに夜尿が止まった。

エピソード８

暴力的言動を繰り返す子どもが入所してまもなく霊が見えると言い出し、眠れなくなった。そのとき、寮長もその子どもが訴えてくる霊に恐怖心を覚え、一緒に子どもと布団を並べて寝ることとなった。結果的に子どもはどんどん安定した。

心身症をはじめとして、子どもたちはさまざまな心の悲鳴を身体症状や行動で現わす。医学的なアプローチでは、その原因を突き止め、薬を使用したり、カウンセリングを行うことで、心の安定化を図る。しかし、この施設では、子どもと一緒に生活を共にし、そこで見たり、聞いたり、感じたりする共通感覚を大切にする。前者のエピソードの喘息の子どもは、薬を飲めば楽になることは知ってはいるが、自分の苦しみを理解してほしいと深夜に寮母を起こしに来たのかもしれない。寮母はそれを理解し、子守歌を歌って添い寝をする。この共感力が子どもの心に安心感を生んでいく。寮単に、薬を飲みなさいというだけのアプローチではなく、そこには人間としての深い結びつきが見られる。後者のエピソードにおいても、霊が見えると怯える子どもに、「どこにもそんな霊などいないから大丈夫」と言う方法もあったのであろうが、寮長が布団を並べて子どもと一緒に寝ている。それは言葉の共感以上のものを生み出したと考えられる。

エピソード9

キャッチボールをしていると、こちらがどう出てくるのか試すようにわざと暴投する子どもがいる。注意するのではなくあえてこちらは必死に捕りにいくようにする。叱りつけても受け入れられる段階になく、自尊感情が育たず自己イメージが低下するだけなので、こちらもさじを投げずにとことんつきあってやる。その他の試し行動では、寮母が忙しいときを見計らって、耳かきをしてくださいとか、縫い物をしてくださいなどとわざと言ってくることもある。

共通感覚は重要であるが、子どもたちはこれまでの心の傷跡が深いためか、短時間ではなかなか傷が癒えないことも少なくない。それでも職員は毎日毎日の生活のなかでその共通感覚を大切にしていく。そんななかで、子どもたちはしばしば〝試し行動〟をしてくる。相手が本当に自分の味方なのか、この共通感覚は本物か、といったことを試してくるのである。右のエピソードにあるように、キャッチボールをしている際に、わざと受けにくいボールを投げて相手を困らせ、とことんつきあってくれる人物か、怒ってさじを投げ出す人物かどうかを試す。あるいは、忙しいときを見計らって、自分の些細な要求をつきつけ、どれを優先するのかをチェックしたりもする。しかし、このような行動は、自分のことを大切にしてほしいという気持ちの現われであり、相手を困らせてやろうというだけの行動だけではない。職員はそのような行動にも適切に対処しながら、子どもたちとの信頼関係を少しずつでも築いていく。子どもたちはそのことを通じて、心のなかに人を住まわせてもいいという気になるのである。

2　あえて問題を出させる

†最近は反抗せず、おとなしい子どもも増えているが、かといって問題が少なくなったわけではない。一見適応したように見えるが、本質的な問題解決には至っていないことが多い。問題を起こさせないように管理するのではなく、むしろ問題を出させて、それを共に考え、解決していく。

時代によって人の価値観や考え方も変わるが、非行少年とて同じである。以前の非行少年と比べると、最近の非行少年はずいぶん変わってきた。そのひとつとして、やんちゃな子どもが少なくなり、反抗や反発をせず、比較的おとなしい子どもが多くなった。しかし、おとなしいから問題がないかというと決してそうではない。たとえば、施設のなかでは一見大きな問題も起こさないので適応しているように見えるが、本質的な問題が未解決のまま積み残されているので、社会に戻るとすぐに不適応となってしまう。そのことが職員にはわかっているので、この施設にいる間にあえてその未解決の問題を出させ、将来の社会適応につなげていくことを目指さねばならない。

エピソード10
以前は子どもたちがよく施設から無断外出し、先生はその子らを探し回り奔走させられた。しかし、子どもたちとの逃げて追いかけるといった関係は、決して無意味なものではなく、逆にそのことが結びつきの強さとなった。無断外出という問題こそが処遇の原点。しかし、現在の施設では無断外出する子どもの数も減っているという。

以前の施設では、無断外出が比較的多かった。それは決して望ましいことではないし、それが起きると職員も探し回ったり、その対応に手を取られる。しかし、子どもが施設から逃げ、それを職員が追いかけるという関係は、関係づくりの上では決して無意味な作業ではない。子どもにとってみれば、自分のことを気にして探し回る職員に対して、これまでにない親和感を抱くかもしれない。逆に、職員も困らせられる子どもに対して憤りは感じながらも、子どもが施設での生活で何を考えていたのかを知るきっかけにもなったりする。つまり、無断外出があったことで、子どもと職員の距離感が詰められることもある。しかし、最近の子どもたちは無断外出をはじめとし、さほど大きな問題を施設のなかでは起こさない。子どもと職員の距離がそんな問題が起きることなく縮まればそれに越したことはないが、一定の距離以上に埋め合わせられず、関係が深まらないことも少なくない。

施設に入所してくる子どもはなかなか自分では処理しきれないたいへんな問題を抱えている。施設での守られた空間において、一時でも波風が立たない平穏な時を暮らすのも必要である。しかし、同時に、守られた環境においてこそ、自分の抱えた問題を解決するチャンスでもある。ある意味では、入所から退所まで子どもに問題を起こさせずに過ごさせることはある意味大切なことである。しかし、より大切なことは、目の前にいる子どもの問題の本質をしっかり捉え、それを職員たちとの共同生活のなかで、その問題を取り上げ解決に導くような方向性があるということである。それが子どもたちに失敗を恐れず、その経験を次に活かすことを身につけさせるのである。これは子どもに限らず、職員や親にも言えることで、失敗のない子育てなどありえない。失敗をしながらも子どもとの距離を縮めていけば失敗は活きてくるのである。

3　生活のなかで時間をかけて、丁寧に繰り返し教えていく

†施設では特別なプログラムではなく、生活の一つひとつを繰り返し指導し、積み重ねていく。なかなか話が通じない子どもにも繰り返し説明し、あるべき姿を繰り返し見せていく。

施設の実践が目指すのは、生活体験を通じて子どもの成長を促すことである。それは基本的な生活習慣を身につけさせることであったり、生活のルールを学ばせることでもある。それを一つひとつ積み重ね、繰り返し教えていくことで習慣化させる。発達に遅れがあってもなくてもそれは同じで、必ずできるという前提でかかわることが基本とされる。その際、指導上のさまざまな工夫が求められ、指導が強制であってもうまくいかず、時には見守る姿勢が必要なこともある。さらに、いけないことはいけないことと指摘をするだけでは不十分で、その理由をわかりやすく説明してやらねばならない。職員はこのようなかかわりを子どもたちとの生活を通して行っていくのである。

エピソード11

職員が意図したようには、子どもの頭に入っていかない。話をしてもパズルがうまく合わない子どもが増えた。寮長が叱ったら寮母が叱られた理由について考えさせたり、子どもの言い分を聞いてやったりして、ようやく叱られた意味が理解できる。なかには、意味のないことは一切しようとせず、掃除にせよ、隅々までせずに、「誰もそんなところを見ないですよ」と言う子どもがいる。だからこそ、それにどのような意味があるのかを一つひとつ教えていくことが大切で、それがわかると、行動が変わってくる。

共通体験、共通感覚というと難しいように思えるが、次のエピソードにあるように、楽しいこともつらいことも一緒にその感覚を味わうことである。実は子育てとはまさにこのことを指すのではないだろうか。親と子どもの立場は違えど、寝食を共にしながら、「ちょっと肌寒くなってきた」「お月様が今日はきれいに出ている」などと、季節感や文化を互いに体験して暮らしていく。決して、子育ては親が子どもを成長させる技術や義務だけではないはずである。

エピソード12

疲れたときは唐揚げがメニューに出てくることを子どもと一緒に待ちわびたり、ランニングの後はお茶がおいしかったりと、子どもと一緒の感覚を味わう。そういう時間が子育ての時間と考えていい。

4　よく観察し、小さな変化でも見つけてほめる

†どんな小さな変化でも捉え、肯定的な評価を、タイミングよく与えていく。そのためにはつねにアンテナを張り、子どもを見ていく。

かかわりの上で、その人の動機づけを高め、関係性を向上させるのに役立つのは、子どもの良いところを見つけて、ほめてやることである。そうすることによって、子どもは自尊心を高め、物事

に取り組む意欲を身につけていく。ほめ方のコツはその子のことをよく見ることが基本の基本とされる。どんな小さなことでもほめていく。ほめられて誰も悪い気がしない。特に、非行少年の場合は、これまでほめられた経験が極端に少なく、自己イメージも良くないことが多いので、なおさらそれが必要である。

エピソード13

子どもたちは急には変わらないけれども、質的には失敗の仕方が変わったり、自分の変化に気づいたりすることがある。これが自分のこれからの課題だと感じるようになると、たとえ行動が改善されていなくても、大きな成長である。

現実に実践してみるとわかるが、いざほめようと思っても、どこを、どのように、いつほめればいいのか迷ってしまう。頻繁に問題を起こす子どもや何度言っても失敗ばかりを繰り返す子どもと日常的に接していると、ほめる材料が見当たらなくなる。そんなときに限って、こちらは相手の起こした行動の結果だけに注目している。結果がうまくいかなければほめるところが見つからない。しかし、結果だけではなく、その結果に至るプロセスに注目したり、結果の質的変化にも目を向けると、案外、ほめるところが発見できるものである。たとえば、落ち着きのない子どもに対して、ウロウロしはじめてからの行動にはほめる要素はないかもしれないが、ウロウロしはじめる直前の行動には「今日は我慢強く座っていられているね」「とっても集中して取り組んでいるね」といったほめる要素が散りばめられているかもしれない。また、算数の計算間違いひとつにしても、結果的には正解を得られなかったとしても、途中までの考え方に進歩が見られたら、それはほめる要素に十分なる。

現代人は物理的にも精神的にも忙しく、結果が至上命題であるという傾向に拍車をかけられているが、もっと時間をかけ、もっと細かなところにまで観察する目をもつことができれば、発想の転換も容易になるであろう。

5　わかりやすく指導する

†指導には一貫性をもたせ、課題は本人が理解できる形で、明確に提示する。子どもの特性を考慮しない指導は効果も上がらず、事態を悪化させる。

職員の指導が子どもに浸透していくためには、その指導がわかりやすいことが何よりも大切である。論理的な理屈を並べても、指導を受ける子どもたちがそれを理解できなかったり、納得が得にくい場合は、その効果が上がらない。

そこで、職員が口であれこれと説明するよりも、まずは職員が子どもの前で実際にやってみせることである。それが一番わかりやすく、子どもはそれを手本にして行動の修正を図る。次のエピソードは職員が子どもに野球の指導をしている場面であるが、ボールの投げ方を口で説明するよりも、職員が実際にピッチャーをしてみせたほうが効果的であったというものである。また、別のエピソードでも同様に、子どもたちに挨拶の習慣を身につけさせるには、職員自らが率先して挨拶をする場面を見せることが必要で、やがて子どももそれに倣っていく。

エピソード14

自分が率先してピッチャーをやることで子どもたちがついてくるようになった。子どもをひきつけるには「やっぱりあの先生は何かすごいな」と思わせることが大切。[…] 挨拶ができる子になってほしいと考えたので、真っ先に自分がしてみせた。最初はつられてしていた子どもが、そのうち先生がいなくてもできるようになる。

わかりやすい指導には、やってみせる以外にもさまざまな方法があろう。たとえば、職員によって指導のあり方が違うと子どもたちはたちまち混乱を招く。たしかに、職員によって性別や個性が違うので、指導のやり方の違いはやむを得ないが、その指導の本質には一貫性が保たれていないといけない。子どもがあることについてどの職員に尋ねても、同じ答えが返ってくることが重要なのである。また、わかりやすい指導をするには、そのことを身につくまで繰り返し反復させることも必要である。いわゆる〝自覚〟とは、自分のことを覚《おぼ》えることにほかならないわけであるから、そこに至るまでのプロセスにつきあうことである。そのような指導の繰り返しのなかで、そうすることがなぜ大切なのかが自然にわかってくる場合もある。あるいは、理解できない箇所や納得できない箇所がクローズアップされてきて、そこにさらなる指導を加えていく場合もある。次に示すエピソードのように、特に発達障害を抱えているような場合、状況や場面に柔軟に対処することが苦手な子どもがいる。あることをしても、ここではよくて、別のところではなぜいけないのか理解しにくいことも少なくない。しかし、そこを頭ごなしに指導するのではなく、どこで躓いているのかをしっかり把握し、その子どもの理解できる方法で説明すると問題行動は消失する。

エピソード15

おやつのやりとりは施設内では力関係を生むので禁止しているが、発達障害傾向のあるその子は、自分の嫌いなおやつを人にあげるのがどうしていけないかわからない。二重、三重に言い聞かせ、一度ストンと腑に落ちて納得すれば、その規則が守れる。

6　介入のタイミングを図る

†指導を入りやすくするために、あるときには子どもの能力を信じて手を出さずに待つことや、

冷静になるまで距離を取ることも必要である。またあるときには問題を起こしてこじれてしまう前に介入する必要がある。

指導のひとつである叱り方にもさまざまなコツがある。いつ、どのように叱ればいいかと考え出すと、意外と介入のタイミングは難しい。そのタイミングが適切であれば指導の効果が上がるが、タイミングを誤ると、逆に子どもを追い込んだり、意固地にさせたり、職員との間で不信感を募らせてしまう。その意味では介入のあり方が重要となってくる。

エピソード16

叱る場合はワンテンポ、ワンクッションを置くことがコツだが、逆に、いつかは気づくだろうと子どもの自主性に任せすぎて叱らないのもいけない。叱り方もピンポイントでするのが望ましく、あれこれと関連づけたり、過去のことまでもちだし、しつこく言うのは子どもの反発や不満の種となる。叱る前段階での介入ができれば、叱られたということで子どもの自尊心を傷つけなくてすむ。

7 第三者的な視点を取り入れる

†子どもと生活を共にしていると距離感が取れず、関係が煮詰まることがある。第三者の介入を求めたり、自分を疑問視して物事を振り返り、子どもを理解する新しい視点を取り入れる。

施設においては、職員と子どもたちが共に生活をしている空間に置かれているため、その良い面も当然あるが、関係が煮詰まってしまったり、我田引水のような思考に陥ってしまうことも少なくない。そうなってしまうと、子どもたちとの関係は質の高いものにはならず、子どもたちへの理解もそこで停滞することにもなる。

エピソード17

子どもには力や暴力での問題解決はいけないと指導しているにもかかわらず、寮長自身がそれを知らぬ間にしそうになっていることを感じることがある。そんな自分に気づいたときに、やり方を変えなければと悩む。自分のやり方を正しい、当然だと思い込まないで、つねにこのやり方はおかしくはないだろうかと疑問視する姿勢が求められる。これは自分に対する問いかけができることであり、自分を客観視できる能力でもある。

このように職員は自分を客体化させることをつねに意識しなければならない。非常に熱血的で情のあふれるかかわりがいけないわけではないが、その反面、非常に冷静に、しかも冷ややかに自分を見つめることが専門家としては求められる。そうでなければ、どこかでバーンアウトをしてしまったり、行きすぎたかかわりとなってしまう。

エピソード18

困ったケースになると、会議にかけたり他の立場から意見を言ってもらう。自分では気づかない点を指摘してもらって気づくことがあり、支持してもらえることで力を得られる。[…]子どもたちと同様、職員(大人)も集団のなかで支えられる。風通しが悪くなったり、意思疎通ができないようになってはいけない。

自分を客体化するためには、誰かに自分の考えや思いを聞いてもらい、他者から意見を求めるのもひとつの方法である。自分には盲点になっているところを指摘されたり、これまで自分がやってきたことを支持されると、見えにくかった自分がより鮮明に見えてきたりする。要するに、第三者的な視点(新しい風)を取り入れることで、つねに新鮮なかかわりが生まれるのである。

8 気長にかかわる

†即座の効果（見返り）を求めず、子どものペースに応じ、先を見通して、気長にかかわる。

現代はインターネットなどの普及により、情報がいち早く伝わる。それにともない、経済も世界レベルで加速度化しているし、われわれの生活もどこか急かされているような気になる。人とのかかわりにおいても、スピード感が求められ、以前の手紙のやりとりが中心の時代は去り、携帯やメールでの即時性が要求される。それは子育てにおいても例外ではなく、養育者は子育てに没頭する時間を十分にもちにくくなったのかもしれない。

施設においても、「入所すればどれほど行動の修正が図れるのか」と外部から問い合わせがあったり、短期間で効果の上がるプログラムはないのかと指導の即効性ばかりを求める動きもないわけではない。

しかし、人は一気に発達をするわけではなく、ことにこれまでいろいろな環境や条件のなかで生育してきた人であればあるほど、それを変えていくのは並大抵のことではない。

エピソード19

多くのことを一気にしようと思わず、ちょっとした子どもへの心配りが次につながる効果を生んでいく。長い先の将来を見据えて、変に感情的にならずにいられる気長なつきあいが大切である。

エピソード20

子どもを育てるというよりも将来のお父さん（お母さん）を育てるという感覚を大事にしている。指導をした結果をすぐに求めず、将来の人材を育てていこうといった気持ちで、堆肥をやり、種をまいて、芽が出ればこの施設では十分。それが実になるまでは期待せず、そのあとは施設を出てからいろんな人との出会いから多くの実になるように自分で育てていけばいい。

この二つのエピソードのなかの発言のように、目先の効果ばかりに期待せず、先を見通した気長なかかわりが、関係性の維持や発展にも望ましい。また、次節の「自立に向けた取り組み」で述べるように、この施設での生活やかかわりだけではなく、ここを出てからの生活や次に出会う人とのつながりといった連続性を見据えていくことが重要なのであろう。

４ 自立に向けた取り組み

・自立を目指して社会につなげる

†施設ではかかわる時間が限られており、子どもは未消化の課題を残して社会に出ていく。職員は自立への期待と不安を抱えるが、子どもとのつながりを土台にし、社会との連携を図っていく。

児童自立支援施設では、通常は中学校を卒業する時点で退所をすることが多い。退所後の進路は、家庭に戻って高校に進学する者、住み込み就職をする者などさまざまである。どの子どもにも施設で学んだことを施設を出てからも忘れず、実行してほしいが、現実はそれほど甘くはない。

エピソード21

社会に出るまでの中間地帯がない。退所前にシミュレーションだけしていても実体験ではない。想像、予測するだけではただ不安になるだけのこともある。

このエピソードにあるように、施設を出たときのために、退所前には直面しやすい問題をシミュレーションすることもあるが、立ちはだかる社会の壁は子どもたちにとってはあまりにも高い。特に、受け皿となる家庭がない子どもにとっては、拠り所となる生活基盤がなく、自分でそれを構築していかねばならないのである。

そんな彼らにとって、これまで過ごしてきた施設や職員とのつながりがどれほど勇気と希望を与えるのかは想像以上である。それは次のエピソードにも表われている。

エピソード22

退園後のアフターケアが施設の大きな課題。まずは子どもや保護者とのつながりが切れないことが求められる。退園生は施設に対して、母校以上の親密感を抱き、ときたま実家に帰省するような感覚で施設を訪れてきたりする。そのような安心感、居場所感がいつまでも生き続ける施設であることが理想であり、そこには当時の時間が今も連続して流れているという感覚をもてるようにしたい。

施設を退所した子どもは、施設で体感した安心感や居場所感を求め、母校を訪問するというよりも、実家に帰るような気分で施設を訪れるという。なぜなら、この施設には生活というものがあったからである。そこを訪れることで、子どもは過去の自分と現在の自分との連続性を確認したり、施設や職員の姿から自分とのつながりが切れていないことを求めるのかもしれない。

施設におけるリービングケア、アフターケアの重要性が叫ばれ、施設と社会との連続性の担保が今後の課題であると言われている。退所を間近に控えた子どもの不安や退所した子どもたちの苦悩に、社会全体がもっと積極的に耳を傾け改善に向けた取り組みを始めなければならない。

以上見てきたように、児童自立支援施設におけるシステムには、大きく分けて、場という〈構造〉、関係性という〈かかわり〉、社会に出て行くといった〈自立〉の三本柱があるように思える。その三本柱は相互に影響を及ぼしながら存立しており、端的に言うならば、児童自立支援施設という土台となる構造があるからこそ、職員や子ども、あるいは子ども同士のかかわりが生きてくるし、それがあってこそ社会に広がる方向性をもち自立へ向かわせるのである。それを示したのが、次の図である。

しかし、これは何も児童自立支援施設に限ったことではなく、一般の家庭においても同じことが言えるのではないだろうか。つまり、家庭という子育てをする場が提供され、そのような構造の上に、親と子どもとの多種多様なかかわりが繰り広げられ、子どもは大きくなり、親から自立をして巣立っていく。もっと言えば、子どもが発達をしていくプロセスにはまさに、〈構造〉と〈かかわり〉が必要で、それが〈自立〉への足がかりとなっていくとも考えられる。

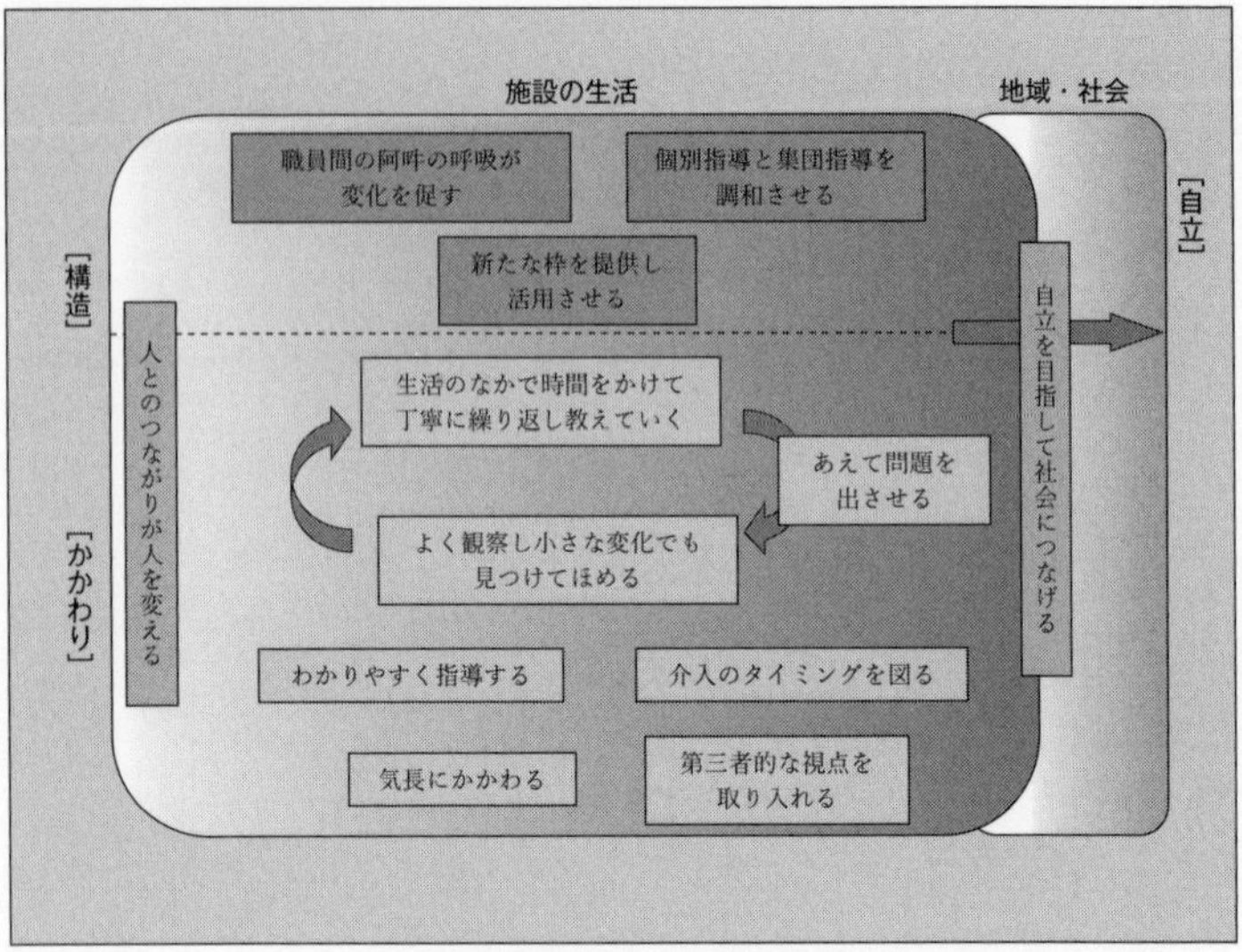

図　分類とカテゴリーの構造について

5 生活臨床の実践

1 生活とは何か

これまで施設職員のインタビューを通して、児童自立支援施設における子どもの発達を考えてきたが、この根底を流れているのは生活そのものであると結論づけていいのかもしれない。

生活とは何かというと、単に生物学的に生きているということではなく、毎日の「衣」「食」「住」を快適に、しかも着実にしていく能動的な営みである。しかし、現代においてわれわれはこの生活をあまりにもないがしろにしているのではなかろうか。それは家庭の機能を点検していくとよく理解される。

たとえば、衣類を示すところの「衣」を取り上げよう。昔は「♪かあさんが夜なべをして手袋編んでくれた」と唄われたように、母親が編み物をしたり、手作りのものを用意してくれた。衣服にほころびがあるとそれを直してもらってもいた。しかし、今や衣服は使い捨ての時代。それどころか、ハンカチやシャツにアイロンをかけたことがないという家庭も増えていると聞く。

次に、「食」について考えてみたい。食事の光景も昔とずいぶん様変わりしている。家族全員が食卓を囲んで団らんをすることは少なくなり、一人で食事をする個食が増えた。「お袋の味」はレトルトやインスタントの食品（カップ麺などの調味料を称して粉食）に代わり、コンビニ弁当が猛威を振るう。そのワンパターンな献立メニュー（これを称して固食）がファーストフード店ならぬ現代の家庭の食卓である。塾に行かねばならない子どもは一人でレンジで料理を温め、テレビを相手に食事（これを称して子食あるいは孤食）をする。たまの休日に家族が揃うとファミリーレストランに行くことになり、家庭で食材をそろえたり、調理をしたり、後片付けをするといった行為が見事に排除される。言わば、外注ですべてまかなわれ、家庭における食事の機能はなくなりつつある。

「住」である住むことに関しても、例外ではない。家族が団らんする場所はどこにもなく、家の間取りはすべて鍵がかけられる個室となっており、家族員であっても自由に出入りが許されない。ややオーバーに言うならば、各部屋にテレビやパソコンはもとより冷蔵庫までも備え付けられ、家庭がビジネスホテル化してしまっている。

一方、この児童自立支援施設は職員と子どもが共に寝起きをし、食事や遊び、学習をする。施設には田んぼや畑を所有しているところも数多く残っており、自給自足とまではいかないが、自分たちが作った農作物を食卓に並べたりすることも少なくない。ここには生活が息づいており、それを通してかかわりが生まれ、子どもたちは生活を身につけ成長していく。つまり、児童自立支援施設にはまだまだ生活が息づいており、われわれ現代人が失いつつあるものがそこに残っているように感じる。

われわれは何かに急かされ、効率やスピードばかりを重視しすぎ、子育てにおいても同様のことが言えるとすでに指摘した。そして、何か事が起きれば、すぐにそれを解決したり改善させるような知識や技法ばかりを欲しようとしてしまいやすい。たとえば、子どもが盗みや暴力などの非行をしでかしたとしよう。すぐに周囲はその改善プログラムはないのかとか、何か心理療法を受けてはどうかといったことに関心を向けやすい。しかし、生活そのものに目を向け、生活のなかの躓きを取り上げ、それをいかに円滑に進めるかの工夫をしていくことについては誰もが盲点となってしまう。それはあまりにも目立たない地味な取り組みだからであろうか。あるいはあまりにも当たり前すぎ、劇的な改善とはなりにくいことから注目されないのだろうか。実際には逆であり、生活を地に足をつけるように着実にしていく取り組みこそが人を成長させ、そのことを土台にしてはじめてプログラムや心理療法が生きていくのである。

2　できるということを前提にしたかかわり

この施設では生活ということが基本であり、誰でも「ここではできる」ということが前提となってかかわりが繰り広げられる。運動や学習であるなら、得手不得手もあるであろうが、生活が苦手、あるいは生活はしないという人はいない。昨日と今日は食事をせず、明日は食事をする、昨日は寝ないで今日と明日は寝るということなど、よほど特殊な事情でもない限りあり得ない。毎日食事をし、毎日睡眠を取るのである。今日は生活をして、明日はしないことなどあり得ない。その意味では、生活は誰にもできるのが当たり前なのである。

発達に遅れがあろうがなかろうが、過去に心の傷つきがあろうがなかろうが、生活をしていくことには変わらない。しかし、施設に入ってくる前にはいろいろな複雑な事情や環境があったがゆえに、その生活にぎこちなさを感じたり、円滑にいかなくなって躓き、どうも前向きに取り組めずに、引っ込み思案になる子もなかにはいる。そんな子に対しても、今はできなくても、いつかはできるということを前提にしたかかわりがこの施設では展開される。白石（1994）は「そもそも発達とは外から与えられるという一方的過程ではなく、個々の子どもたちが、自らのなかに可能性として宿しているものを開花させていく主体的過程である」と述べているが、ここでの臨床はまさに発達そのものと表現してもいいように思われる。

3 流れるということ

生活についてもうひとつだけ付け加えるとするならば、それは一過性ではなく、毎日毎日の繰り返しであるということである。そうであるからこそ、「今日できなくても、明日できるかもしれない」「明日できなくても、明後日できるかもしれない」といった連続性が宿る。この〃流れる〃ことが生活臨床では何よりも重要であると考えるのである。

しかし、実際には、あることが人よりもうまくできずに劣等感を抱いて、心がフリーズした状態で社会から撤退してしまった人がいる。それとは逆に、思考がまとまらずに拡散して、地に足がつかない感じで、まるで現実感がともなわない生き方を余儀なくされる人もいる。気持ちが固まってしまって動かなくなる、物事に集中できずに気が散ってしまうといったことで苦しんでいる人はたくさんいるであろう。

筆者は、人の情動を表現する言葉を調べていると、それが気体、液体、固体にしばしば喩えられることに気がついた。気体としての情動は、「気が散る」「気が合う」「注意が拡散する」などがあり、それを閉じ込めておく容器がなければ気体であるだけに散らばってしまい、消えてしまうという特徴がある。その反対に、固体としての情動は、「妬む」「意志を固める」「怨念が固まる」などのように、石や岩のように情動が固まってしまうと、柔軟さをなくして動きが取れなくなってしまうという特徴がある。そして、液体としての情動は、「愛情を注ぐ」「情に流される」「情に溺れる」

という表現があるように、液体であるから拡散もさほどせず、逆に固まりもしないで動きを止めずにいられる。情動というぐらいであるから、情が動かねばならず、そのためには固まっては厄介である。しかもその動きは取り扱いが難しい気体よりも液体のほうが望ましい。そう考えると、液体であって、しかもそれが停滞せず、少しずつ流れていくことが、情動の一番の理想型ではないかと思えてくる。それはまさに毎日の生活が流れていくありさまであり、拡散せず、停滞もせずに、昨日、今日、明日といった流れが生まれていくことが生活を円滑にし、そこに適切な情動を育ませる。児童自立支援施設の子どもたちの心がこのような情動のあり方であることを目指して、日々職員が取り組んでおられるような気がしてならない。

†註

1　グラウンデッド・セオリー・アプローチは、A・ストラウスとB・グレーザーが考え出したもので、質的調査の方法論である。データの収集と分析を通じてデータに根差した理論（Grounded Theory）の生成を目指す。

†文献

橋本和明 2011『非行臨床の技術——実践としての面接・ケース理解・報告』金剛出版
白石正久 1994『発達の扉（上）——子どもの発達の道すじ』かもがわ出版

第3章 児童自立支援施設の生活から見える子どもの変化と職員の変化

富田 拓

1 はじめに

この本を読まれる方のなかには、児童自立支援施設で営まれている生活がどういうものであるかご存じでない方もおられるだろう。あるいは、少年院の年少版といったイメージで捉えている方も少なくないのではないか。在籍数で言うと、少年院が最近三一〇〇人ほどであるのに対して、児童自立支援施設は二〇〇〇人ほどであるから、日本における非行少年処遇の三分の一は児童自立支援施設が担っているのだが、社会におけるそのイメージはいかにも希薄である。ここでは、児童自立支援施設の生活の一端を紹介しながら、その生活の持つ意味と、そこでの子どもの変化、さらには子どもに関わる職員の変化について述べていきたい。

② 児童自立支援施設のなりたち

その草分けである北海道家庭学校を創始した留岡幸助は明治三四年に次のように述べている（留岡 1901）。「少年子弟が悪化する原因素より一にして足らずと雖、其の十中八九までは、家庭悪しきか、然らざれば全然家庭を有せざるにあるや明らかなる事実なり」。この認識は、現在でも全く正しい。普通の家庭の少年が非行に走るようになったとはよく言われることだが、非行臨床においてそのような事例は全くのレアケースであり、例えば国立児童自立支援施設に措置される児童の六五％が明らかな被虐待経験を持ち（厚生労働省雇用均等・児童家庭局 2009）、ネグレクトを広くとればほとんどの児童が被虐待経験を持つと言っても過言ではない。留岡は、次のように言葉を続ける。「彼等をして善良なる市民に改善せんと欲するも、亦家庭的空気のなかに於て教育するの大切なるは言を俟たず」。行動化した被虐待児の改善・成長には疑似家庭的環境のなかでの教育が重要なことは自明だというのである。このような認識の下に、留岡は夫婦が少人数の非行少年と起居を共にするという「夫婦小舎制」による施設を実際に創り上げた。つまり、歴史的に見ても、児童自立支援施設は、被虐待児のための治療構造を持つのである。現在でこそ、夫婦制は全児童自立支援施設の三分の一ほどになっているが、あまりの勤務条件の劣悪さにもかかわらず、夫婦制を維持している施設がこれだけ残っているのは、この留岡の理念が支持されているからである。

またこの一方で、ここ一〇年ほどの間に増加しているのが、発達障害の診断を受けた児童の入所である。この子たちにとって、児童自立支援施設の環境は望ましいと言えるのか。その結論が少しずつ見えてきたのは、ごく最近のことである。

ここではまず、彼らに対するケアがどのように行われているか、その一端を具体的に見ていきたい。

③ 児童自立支援施設の生活——武蔵野学院での生活を中心に

1 新入時

まず、新入生は所属することになった寮に向かう。そこで数名程度の先輩と顔合わせをし、そのなかの一人が自分の世話係（施設によって呼称は異なる）となったことを告げられる。この「世話係」は、寮での生活が比較的安定した児童のなかから寮長寮母によって選ばれる。世話係と同じ部屋で生活することになった新入生は、寮の決まり事・掃除の仕方・作業のやり方など、生活の事細かな面を世話係から学んでいくことになる。施設によっては、新入生の失敗は世話係の責任とされることさえある。想像される通り、新入生と世話係の関係は一筋縄ではいかない。なにしろ、二人とも非行少年である。新入生にとって世話係は先輩風を吹かせる何かとうるさい存在であり、世話係にとって新入生はなかなか言うことを聞かない生意気で面倒な存在である。その一方で、どんなに突っ張って見せても実際には極度の不安状態にある新入生にとって、先輩は意外にも親切に手取り足取り面倒を見てくれる人でもある。また、先輩児童にとっては、世話係に任命されたことは寮長寮母から信頼されたことの証であり、大変ではあるが名誉でもある。ここで後輩をきちんと指導することができたら、寮職員からも他の児童からも評価は上がる。また当然役割期待が働く。もちろんトラブルも頻発するが、それでもなおほぼ二四時間一緒に過ごさざるを得ず、また仲違いしたからといって寮長が関係解消を許してくれるわけでもないので、ほとんどの場合、お互いになんとか折り合っていく。周りの子どもたちも心得ていて、世話係のさらに先輩が二人の間を取り持ってくれたりもする。寮職員は、小競り合い程度であれば直接乗り出すことをせず、子どもたち同士による紛争解決に委ねる。子どもたちにとってこれほど濃厚かつ逃れようのない対人関係を経験したことはほとんどなかったはずで、これは両者にとって大変な対人関係の訓練となる。アスペルガー障害と診断されていたある児童は、「学校では、嫌な奴との関係はスルーできたけど、ここではそうはいかないんですよ、鍛えられるんですよ」と評したが、これは児童自立支援施設の対人関係の本質を衝いている。こうやって鍛えられた新入生は、そのうち、自分が世話係となり、今度は世話係の苦労を知っていくのである。もちろん、これはひとつ間違うと子どもが子どもを支配することになりかねない仕組みであり、職員がつねに子どもたちのそばにいるからこそできることではある。

2 日課——朝

子どもたちの送る日課はルーチンなものである。早めの時間帯に起床し、係の分担に従って給食棟への食缶取りや配膳、洗濯物干しなどを行い、朝食をとる。食事は寮の個性がよく反映される場面であり、静かな寮もあれば、寮長と子ども、あるいは子ども同士のおしゃべりで大変にぎやかな寮もある。普通の家の食事風景が家それぞれであるのと同じである。そもそも、朝食をとる習慣がなかった子が多く、また朝晩親が食事を用意してくれるかどうかわからないので給食を食べるためだけに学校へ行っていた、という子も珍しくない。まず、毎日朝起きてきちんと朝食をとるという習慣を身につけさせることが大きな意味を持つのである。それから、施設内にある分教室（あるいは分校）に向かう。このとき、職員と子どもがお互いおしゃべりをしながら、あるいはじゃれあいながらぞろぞろと歩いていく姿は、同じ非行少年の施設である少年院での一糸乱れぬ隊列と好対照である。

3 日課——学習場面

武蔵野学院では、教室は大きな強化ガラス張りの引き戸とホールを隔てて向こう側にあるやはり大きなガラス張りの職員室からすっかり見通すことができる作りになっている。授業担当は分教室の教諭だが、授業中も職員室にはいつも寮担当者がいて状況を把握している。休み時間には、習熟度別の教室から出てきた子どもたちが寮ごとに集まり、寮長や寮母を囲んでいる。寮長にプロレスごっこのようにボディタッチして甘えている姿を見ると、ここは児童福祉施設だと実感できる。非行少年の施設なのだが、児童自立支援施設は退行を許しているのだ。もちろん、新入生は最初から寮長たちに甘えるわけではない。しかし、世話係やその他の先輩が寮長寮母に甘える姿を見て、新入生も少しずつその輪のなかに入っていく。

4　日課——午後の作業

午前中の分教室の授業が終わると、子どもたちは寮に戻って昼食をとる。その後、寮ごとの作業の時間となる。大きなウェイトを占める農作業が、彼らの就職に役立つことはまずないだろう。しかし、努力や経験の如何にかかわらず運動能力の高い子どもが優位に立ってしまうことの多いスポーツと違い、作業は経験が物を言う。新入生は何をすればいいのかもわからないから、先輩が圧倒的に有利である。また、農作業にはさまざまな仕事があり、その子の能力や特性に応じて作業を選べるので、どんな子にも成功体験を積ませることが可能である。また、「食」につながる農作業は、自分たちの生活を多くの人が支えてくれていることを実感できる、現代では得難いチャンスともなる。

5 日課――クラブ

また、午後はクラブの時間でもある。ただし、新入生はしばらくクラブには入れない施設も多い。武蔵野学院の場合、クラブへの入部は生活が安定した子でないと認めてもらえない。寮のみならず、分教室やその他の職員全体の承認が得られなければ入部できないのである。「クラブ人」であることは高いステータスであり、生活全般にクラブ人としての自覚が求められる。いったん入部が許されても、生活が乱れた場合には休部、場合によっては退部が命じられる。その自覚の上で大会を目指した厳しい練習が続けられる。子どもたちはクラブを通じて大きな成長を見せることも多い。

6 日課――レクレーション

作業あるいはクラブが終わると、今度はレクレーションの時間となる。これは寮ごとで行われ、寮長と一緒に卓球、テニス、バドミントンなどを行う。ある寮職員の実子は、これを見て「うちのお父さんはお兄ちゃんたちと遊んでばかりいる」と評した。寮担当職員は実際、一日中子どもたちと一緒に過ごすのである。実際の親子よりも接している時間は遙かに長い。社会的養護の施設のなかでも、子どもと職員の接触時間の長さは際だっており、これは当然関係構築にプラスに働く。新入生は、毎日の作業やレクレーションを寮職員とともに行うことを通じて、少しずつ関係を構築していく。

7 日課――夜

レクレーションが終わると、寮に戻って係ごとに掃除や食事の準備、洗濯物の片付けなどを行う。給食棟への食缶取りは子どもが一人で出かける寮も多い。その間、誰が見張っているわけでもないが、逆にだからこそ、食缶取りを任されるということは、職員に信頼された証となる。みんなで夕食をとるとその後は順番に入浴し、日記と自習の時間となる。その後、二一時の夜の集まりの時間まではテレビを見たり、ゲームをしたり、ギターを弾いたり、漫画を読んだり、おしゃべりをしたりといった自由時間になる。この時間に事務室にやってきて寮長寮母にかまってもらいたがる子どもが多い。この時間帯ののんびりした穏やかな空気は、やはり児童福祉施設のそれである。

8 日課――ミーティング、消灯

二一時過ぎには夜の集まりの時間となる。一人一人が今日の反省を述べたり、寮長の話を聞いたりする時間である。その後、自室に戻り、二二時の消灯までの時間は、同じ部屋の二、三人の子どもと一緒におしゃべりしたりする時間となる。このような生活をしていると、新入生を含め、子どもたち同士の関係はあっという間に濃厚になっていく。自分がしてきた非行の話などは一応禁じられてはいるが、私語は自由であり、特にこの時間はそのような話も含めて彼らがいろいろとおしゃべりしているのは間違いない。

また、この時間帯を利用して、事務室に子どもを一日に一人ずつ呼んでゆっくり話を聞く時間に充てている寮も多い。子どもたちの多くは、自分の順番の日が来るのを心待ちにしている。もちろん、寮職員と新入生との関係も少しずつ深まっていく。

④ 児童自立支援施設の生活の意味——何が子どもたちを変えていくのか

このような日課が、基本的にはルーチンに繰り返されていく。もちろん、息抜きやさまざまな経験を積むことを目的とした行事は少なくない。アスペルガー障害の診断を受けた児童から「ここは居心地は悪くないけど、行事が多いのが玉に瑕」と評されたほどだが、基本的な生活は規則正しく流れていく。非行少年の施設というイメージからすると意外に自由度の高い生活だと感じられた方もおられるだろう。また一方、疑似家族的な構造とはいっても、いかにも施設らしい集団生活だと感じ、より本当の家族を目指す里親のほうが望ましいのではないか、と考えられる方もおられよう。さらに、そもそも被虐待児や発達障害を持つ子どもに対する心理療法はどうなっているのだ、とお思いではないだろうか。では、行動化を伴う被虐待児には、本当に集団処遇よりも個別処遇が、児童自立支援施設よりも里親が望ましいのだろうか。そして、児童自立支援施設における被虐待児、また発達障害を持つ子に対する心のケアはどのようになされているのか。以下これらに触れていく。

1 小集団による生活の強み

被虐待経験を持ち、加えて激しい非行を行ってきた子ばかりを集めて開放処遇で集団生活をさせる。ちょっと考えると、いかにもうまくいきそうにない、無謀な試みである。しかし、実は非行少年だから、また同じような特質を持った子たちばかりだから、また、集団生活だからこそ、できることがあるのだと思う。

1 対象が非行少年だからこそできること

被害者である被虐待児の行動化の扱いは難しい。行動化の意味は心ある大人なら、あるいは専門的知識を持つ人間なら理解できるだろう。理解できるからこそ、その行動化を容認したくもなるし、場合によっては、容認しなければならないのではないか、とも思う。一方、非行少年の場合はどうか。反社会的な行動を犯してその結果施設に入所している場合、行動化を止めることは当然のこととなる。迷いが生じにくい。行動化を止めることができなければ、この子たちは社会に帰ることができないのだから。もちろん、その行動化の意味は理解しようとするが、そのことと、行動化を容認するのとは別である。やってはいけないことはやってはいけない、というシンプルなルールが大人の側につねにある。一方、子どもの側には少なくとも当初は、ルールに従わなければいつまでたっても社会に戻れない、という抑止力が働く。施設に強制的に入れられたからこそ働く力である。しかし、このような強制力が、ずっと影響し続けているとは思えない。ルールが少しずつ内面化されてしまうと、強制力の影響は次第に小さくなっていくように見える。もちろん、子どもによってそうなる時期はずいぶん違うが、いつまでも強制力のみによって統制されているわけではなさそうだ。しかし、子どもが時にそれを忘れると、「いやなら、悪いことをしなければよかった。君が悪いことさえしなければ、ここには来なくて済んだはずだ」という、他者に責任転嫁しようのない事実を突きつけられることになる。被虐待経験を持つ非行少年が被害者であるとともに加害者性を持つことによって、行動化の責任を問うことにためらわないで済むことは、結果的に子どものためになっていると思う。

では、発達障害を持つ子どもに対するときはどうか。ADHD（注意欠如・多動性障害）に対する行動療法であるペアレント・トレーニングでは、子どもの行動を「やってほしいこと」「やってほしくないこと」「許し難いこと」に分け、それぞれに応じた対応をとることになっているが、経験上、「やってほしくないこと」レベルまでは、他の子どもは許容する。しばしば大人の想像以上に子どもには許容力がある。しかし、「許し難いこと」レベルの行動を職員が容認してしまうと、とたんにブーイングが起こる。発達障害があろうと、やってはいけないことはやってはいけない。

この社会的責任を問うことは、むしろ彼らの尊厳を守ることだと思う。

かつて北海道家庭学校の校長であった谷昌恒は「少年を被害者として遇し、同時に加害者としての自覚を求める。矛盾のようだが、人間存在とは本来そうしたものだ」と述べている（谷 1996）。児童自立支援施設の職員の子どもに対するスタンスの根本であり、それは対象が発達障害を持つ子であっても不変である。

2　同質の小集団だからこそできること

彼らは、年齢層も、被虐待歴を含む生育歴も、非行歴も驚くほど似通っている。私の同僚は、「トルストイは、「**およそ幸福な家族はみな似たり寄ったりのものであるが不幸な家族はみなそれぞれに不幸である**」と言っているが、ここにいると逆だ」と述べたが、私も全く同意する。もちろん一人一人違う子たちなのだが、送られてくる書類を見ていると、みな一様に悲惨なのである。この同質性は、施設ではプラスに働く。同質の子たちだからこそ、短期間に寮での強い関係性ができあがり、大人の言うことに比べれば同寮生の言葉は聞きやすく、一緒に行動もしやすい。自分も突っ張らなくていいんだと思える。何よりも、彼らにとって、この同質の小集団はいわば「安全基地」となっているように思われる。

児童自立支援施設の子どもたちを見ていて大変興味深いのは、彼らがずいぶん早い時期から寮職員に甘えるようになることである。重篤な被虐待経験を重ねてきた彼らにとって、大人との関係構築は極めて難しい課題であるにもかかわらず、である。これは愛着障害による無差別的愛着行動とは違う。彼らの甘えには恒常性があり、退所してからも寮を訪ねてきて甘えたりもするのだから。これが可能なのは、彼らに寮の同質の小集団という「安全基地」があるからではないだろうか。そこから、彼らは寮長寮母という大人に対していわば「探索行動」を始める。このとき、自分と同質の先輩たちが自分の目の前で寮長寮母に甘える姿が、極めて強力なモデルとなることは言うまでもない。この、安全基地としての同質の小集団の存在と、甘え行動のモデルとしての多くの先輩の行動の存在が、被虐待児の愛着行動を促進する。この点が、被虐待児を集団で処遇することの大きなメリットであろう。思春期に至って、しかも激しい行動化を伴う彼らと大人が一対一で関係を構築することは両者にとって困難を極めるはずである。ところが児童自立支援施設では、そもそも大人を信用していなかったはずの彼らが、(もちろん、寮長寮母の努力のおかげではあるのだが)むしろ極めて短期間で寮長寮母との関係構築を成し遂げているように見える。

児童相談所が書いてくる支援指針には、「適切な対人関係のスキルを獲得していくために、まず受容的な大人との二者関係における信頼関係を構築し、それを元に……」などと書かれていることが多い。ジョン・ボウルビィ (John Bowlby) がその愛着モデルで示したように、乳児期における対人関係の最初の構築は母子という一対一でなされることから、このような発想になるのはむしろ当然であろう。しかし、施設で観察していると、実際の順番は逆なのである。

3　集団だからこそできること

集団であることのメリットはこれだけにとどまらない。このような関係が、いわば拡大再生産されるところに、集団のおもしろみがある。児童自立支援施設は環境療法であるとはよく言われるが、子どもたちにとっての最大の環境は、寮長寮母であるとともに、寮の子ども集団である。ただし、彼らは与えられた環境でただ受動的に育てられるのではない。先輩たちが寮職員に甘えるのをモデルにして職員との関係を作っていく彼らは、次の世代にとってのモデルとなっていく。自分がモデルとされることに気づいた彼らは、その役割期待によって成長していく。彼らも他の子にとっての環境となるのである。このような循環性・相互性、つまりエコロジカルな関係性は、児童自立支援施設が児童同士のインフォーマルな関係性を認めていることで強化される。もちろん、一つ間違えば「犯罪の学校」になりかねないが、良質のガイドの下でポジティブな対人関係を維持できればお互いの相乗効果が生まれるのは、いわゆる治療共同体と同じであろう。もちろん、治療共同体と違って、彼らは決して自発的にこの集団に参加したわけではない。しかし、参加が自発的であるかどうかは、いわば初期値に過ぎないのではないか、と思う。自発的な参加でないぶん、離脱する自由もないことは、プラスに働く可能性もある。何よりも彼らが子どもであることで、最初の動機がどうあれ、一度何かのきっかけで成長への弾みがつくと、あとは自分で伸びていく、という印象がある。また、時にどうしても起こる激しい行動化に耐えられるのは、大人側もまた集団であるからだ。組織的なバックアップなしに、繰り返しこれに耐えることは困難である。

2 児童自立支援施設における被虐待児への心のケア

前述の日課の記述を読んで、「心理療法の時間は？」と思われた方もいるかもしれない。別に書き落としたわけではない。児童自立支援施設は、あくまで生活のなかでの子どもの成長を目指す。カウンセリングやその他の治療プログラムの類は、あくまでオプションなのである。この点は、少年院の生活が治療プログラムを中心に編成されるのと大きく異なっている。「虐待に対する心のケア」とは、カウンセリングや認知行動療法や治療プログラムのことだと考えられる向きには、不満が残るかもしれない。しかし、我々は、このような生活こそが、最大の心のケアだと考えている。非行という行動は、彼らの自己表現である。さらに言えば、被虐待経験とそこからもたらされるものに対する自己治癒の試みだと考えられる。虐待に対して、思春期に至った彼らはさまざまな形で能動的に対抗しようとする。彼らは、自らの行動の決定力を自分の手に入れようと試み、力による支配－被支配という関係から脱しようと試み、自己評価を向上させようと試みるのである。ただ、免疫システムが暴走すると自己免疫疾患という重篤な結果をもたらすのと同様に、彼らの試みも暴走すると周囲を傷つけ、彼ら自身を傷つけてしまう。それが非行である。だとすれば、虐待から非行に至った子どもに対するケアにおいて重要なのは、さまざまに表出される病的な症状や行動化に対する対処よりも、この自己治癒の試みをエンパワーし、暴走することなく成功に至るように導いてやることではないだろうか。我々が児童自立支援施設で日々子どもたちと営んでいる生活は、そのための試みに他ならない。

3　発達障害を持つ子どもに対する心のケア

では、発達障害の児童に対して、児童自立支援施設の環境はどのように機能しているだろう。一〇年ほど前、アスペルガー障害の診断を受けた児童が多く入所するようになってきたとき、筆者自身、彼らにとって児童自立支援施設の環境は好ましいのだろうか、と不安に思ったことがある。彼らにとって、児童自立支援施設の対人関係はあまりにも濃厚すぎるのではないか、と思ったからである。しかし、その不安は徐々に解消されていった。彼らは、寮の集団生活に適応していった。周囲の子の受け止め方は、やはり「変わった子」といったものであったが、彼らは受け入れてくれた。半年、一年と経過するうちに、アスペルガー障害の子たちの表情は少しずつ豊かになる。入所当初、あまりに無表情で徒競走を走り、「ターミネーター」とあだ名されたアスペルガー障害の子が、一年後クラブで談笑するようになり、その姿を見た児童相談所職員が感嘆したほどである。また、予後調査の結果を見ても、アスペルガー障害の児童の予後は他の児童に比して統計的に有意に良好であることが最近明らかになってきている。このような結果は、何を意味するのだろうか。齊藤万比古は発達障害の児童の成長にとって、「わかりやすく、かつ豊かな環境」が必要であるという（齊藤 2011）。筆者は、児童自立支援施設の環境はまさにこれに当たるのではないかと最近考えるようになった。限定された職員・子どもと長期間付き合うことによる「わかりやすさ」。その一方で、子ども同士のインフォーマルな関係を認めることによる「豊かさ」。職員もまた、夫婦関係、親子関係というまさにプライベートな部分を子どもたちにモデルとして示していくことによる「豊かさ」。彼らの多くは、入所以前非常に不適切な生育環境に置かれている。そのような児童が施設に入所したとたんに身長体重が急激に増加する例があることは昔から知られているが、発達障害の子も、適切な環境に置かれることで本来持っていた能力を急速に開花させるということは十分あり得ると思っている。

5 変化を支える構造

とはいえ、これが達成されているのは、従来からの児童自立支援施設の環境の力のみによるのではない。職員の子どもに対する関わり方が、明らかに変化しているのである。筆者が初めて武蔵野学院に勤務した二〇年ほど前、寮長たちは明らかに「俺に付いてこい」と指導していた。しかし、今の武蔵野学院・きぬ川学院の寮長たちは違う。ある寮長は、子どもの特性が変わったことによって「自分は教護をやっていたのに、いつのまにか保育士になり、今は介護士をやっているようだ」と述べた。実際、寮を訪れた卒業生は、寮長が変わったことに驚き、またその結果、寮生の寮長に対する態度が変わっていることに対して「寮長に失礼だ」と腹を立てていた（この寮長は、その後暴力性の強い児童が入寮したことで「また教護に戻った」と言う）。また、アスペルガー障害の児童がおそらくは感覚過敏の影響もあって田んぼに入ることを強く拒否したとき、寮長はその子に田んぼに入らず、あぜ道でだけ作業をすることを認めた。以前の武蔵野学院では考えられない光景であった（結果的には、半年ほどしてその子は田んぼに入って他児とともに作業ができるようになった）。この寮長はベテランである。ベテランであっても、変化することができるし、逆に言えば、二四時間一緒に生活するとなると、子どもに合わせて職員側が変化せざるを得ない、ということでもある。また、集団生活のなかで、一人一人課題が違って当然、ということを他児に認めさせるのも、寮長の力量である。

「軽度発達障害」概念の登場は、非行少年の処遇の場に大きな変化をもたらした。これは、発達障害の子が施設内に増えたから、ではない。その多くを占めるＡＤＨＤの児童は、もともと非行少年のある程度の部分を占めていたと考えるのが妥当だろう。ＡＤＨＤの診断基準が「不注意・多動性・衝動性」であることを考えると、非行少年の特性と重なるのは当然であり、たとえば、鉄砲玉と称されるような性格の持ち主の多く、たとえば、歴史上の人物で言えば森の石松などは、現在の目から見ればどう見てもＡＤＨＤであろう。このタイプの子の場合、診断がつけられるようになった、というだけであり、もともと児童自立支援施設入所児童の一定の割合を占めていたのはおそらく間違いない（ただし、この子らのほぼ全例が虐待を受けているということを忘れてはならない）。

一方、軽度な広汎性発達障害の場合はどうか。このタイプの子が、少なくとも児童自立支援施設のなかで大きな割合を占めたことはなかったはずである。しかし、この子たちの存在が、児童自立支援施設の処遇を大きく変えつつあるのは間違いない。彼らは、従来の非行少年のイメージからずいぶん遠い人たちである。重なるのは、時に衝動的である、といったことぐらいかもしれない。これでさえ、他の非行少年では考えにくいきっかけで衝動的になる点で異なっている。少なくとも「俺に付いてこい」では、まず伝わらない児童である。この子たちの出現は、寮長の指導方法を明らかに変えた。以心伝心ではなく、はっきりわかりやすく伝えることを心がけるようになった。わかっているはず、ではなく、わかっていないのかもしれないことを前提として処遇が行われるようになった。本人からのコミュニケーションを丁寧に引き出すようになった。寮全員が同じことをするのが当然で、そうでなくては集団生活は不可能、と考えられていたものが、一人一人課題が違っていて当然で、やることが違っていて当然という前提で処遇が行われるようになった。つまり、集団のなかでの個別処遇が当然のこととして行われるようになったきっかけを作ったのが軽度な広汎性発達障害の子どもたちだった。これは、極めて本質的な変化である。ここ一〇年ほどの間にこのような変化が可能だったのは、児童自立支援施設の構造の主に二つの特性による。

一つは、子どもと寮担当職員が二四時間ほとんど一緒に暮らす、という構造である。たとえば、一般の医療や心理療法のように働きかけが限定された時間・空間でなされるとき、治療者－被治療者関係は一方向的となり得る。影響を与える側と受ける側、という構造を明確に保つことができる。しかし、二四時間一緒に生活を過ごすという構造のなかでは、それはほとんど不可能である。寮職員は絶対的な存在ではあり得ず、生徒からの影響を受けて変わっていかざるを得ない。職員が変わっていくのは、この構造の必然的結果であると言っていい。

もう一つは、職員の変わりやすさを支える構造である。児童自立支援施設は伝統的に寮担当職員の権限が強かった。「寮長単独責任制」という言葉があったほどである。近年では、その弊害が取り沙汰されることが多い。もちろん、子どもを抱え込んで結果的にバーンアウトしてしまう危険性や、施設内での体罰などのデメリットにつながる可能性は否定しない。しかし、弊害だけだろうか。最近、リハビリテーションや個別支援教育の領域ではチームアプローチの新しいあり方として、「多領域超越型チーム」というあり方が提唱されている（本田 2011）。その特徴は「クライエントもチームの一員とみなすこと」「クライエントにかかわるキーパーソンを明確にし、そのキーパーソンがほとんどの領域を担うこと」である。他職種は、そのクライエントの支援に必要な専門的知識や技術をキーパーソンとなるスタッフに助言することによって間接支援する。その結果、方針の一貫性がより高まり、個別のニーズに最も柔軟かつ迅速に対応できる、というのである。「寮長単独責任制」は、これに極めて近い概念である。寮長が子どもの生活のほとんどに責任を持つからこそ、軽度な広汎性発達障害という、これまでの処遇方針では対応できない児童が現れたとき、その子に合わせて、寮の運営方法全体を大きく変えることができた。以前在籍した子どもにとっては驚くほど豹変する寮長が存在し得る。しかも、「また教護に戻った」と寮長が述べたように、その時々の在籍児童に合わせて柔軟に、大きく舵を切ることができるのである。責任の分散されたシステムでは、このような変化が矛盾なく機敏に行われることは困難だろう。

児童自立支援施設のこの二つの構造が、職員が変化せざるを得なくし、また一方職員が変化しやすくもしている。もちろん、この構造はこれまでも児童自立支援施設の寮の変化を支えてきたはずである。青木延春が述べた「with の精神」つまり to children ではなく、for children でもなく、with children であろうとすることを支えてきたのはこの構造である（青木 1969）。ただ、軽度な広汎性発達障害を持つ子どもへの対応が、近年の児童自立支援施設の静かな、しかし本質的な変化をもたらしている。

6 おわりに

以上見てきたように、児童自立支援施設における子どもの変化を支えているのは、心理療法でも治療プログラムでもない。これらの働きかけが生活のなかで行われることではなく、むしろ生活そのものが子どもの成長への働きかけであるようなあり方。これを生活モデルというのだろう。このような心のケアのあり方は、多くの人にとってあるいは非常に特異なものに感じられるのかもしれない。しかし、一〇〇年以上前に留岡が「言を俟たず」とまで述べた家庭的環境を、特に行動化の激しい被虐待児に対して現代の我々がどれだけ提供できているのかを、もう一度考えてみるべきではないだろうか。児童自立支援施設において、留岡が掲げた理想とそのための構造は今も変わっていない。しかし一方、そこでの処遇のあり方は、子どもたちの変化に応じて明らかに変わりつつある。エコロジカルな特性を持つシステムが皆そうであるように、児童自立支援施設は今も進化を続けているのである。

†文献

青木延春 1969『少年非行の治療教育』国土社
本田秀夫 2011「児童期のこころの臨床における「心理療法以前」」『こころの科学』160 ; 65-70
厚生労働省雇用均等・児童家庭局 2009「児童養護施設等児童調査結果」(平成二〇年二月一日現在)
齊藤万比古 2011『子どもの人格発達の障害（子どもの心の診療シリーズ6）』中山書店
谷 昌恒 1996『教育力の原点』岩波書店
留岡幸助 1901「家庭学校」『The Family School』警醒社書店（再録 1978『留岡幸助著作集 第一巻』同朋社）

第4章

医師の立場から児童自立支援施設の生活を考える

青島多津子

① 児童自立支援施設における医務室の位置

筆者は国立児童自立支援施設きぬ川学院で非常勤医師として勤務している。医務課の業務は、それぞれの施設で異なる部分があるだろうが、医務課の主要な業務のひとつである医務室の位置づけについての各施設の差は、それほど大きくはないと思う。

児童自立支援施設の医務室は、言ってみれば村の診療所である。生活圏の中にはあるが、生活の場ではない。ここで生活する子どもたちにとっても職員にとっても、医務室が生活の場から離れているのは意味のあることであろう。元来人は、自分の辛さや悪い部分を、生活を共にしている人たちには見せたくないものである。

生活の質に深く関与しながら、生活の場では取り上げにくい問題がある。虐待とりわけ性的虐待の問題、心的外傷後ストレス障害（ＰＴＳＤ）を引き起こすような自らの触法行為の問題、子どもが抱えている各種の障害や疾患の問題がそれである。子どもたちは他人に同情されたくないし、先入観をもって見られたくない。自分が属する寮の寮長寮母が、自分の人生の背景を知りながら黙って見守っていてくれることは、子どもたちにとっては救いである。しかし子どもたちは、どこかで自分の問題を整理したくなる。寮長寮母に気付いてほしいという気持ちと、触れられたくないという相反する気持ちが併存するため、この時期、子どもは故意に反抗的になり、些細な問題行動を起こすようになる。そして平穏な寮の日常から除外されることを目的とした、自己破壊的言動が頻出するようになる。寮長寮母は子どもから試され、振り回される。子どもは、これまでの人生でそうであったように現在いる施設の中でも、自分が厄介者の立場に陥っていることを意識し、そのことでさらに頑なになる。自分自身がそういう状況を作り出しているのだということを認識できていることは少ないため、周囲、特に寮長寮母に対して強い依存攻撃が生じる。こうした生活上の硬直状態を緩和する役割を担っているのが、医務室の存在であろう。

２　施設までの道のり

児童自立支援施設にたどりつくまでに、子どもたちはさまざまな問題行動を起こし、あるいは精神症状を呈している。それらの言動の意味はあまり深く取り上げられることはなく、ただ表面に現れた問題行動を叱責したり指導したりという対応がなされてきたのが一般的である。また、問題の本質が子どもを取り巻く環境にあることが認識できていながらも、そこを改善することができず手をこまねいてきた結果、子どもが深刻な問題行動に至り施設に送致されてくる場合もある。

彼らの家庭の多くは、貧困家庭や崩壊家庭である。母親と同居することになる男性がたびたび替わるため、ほとんどの兄弟の父親が異なっていたり、父親代わりの男性が何人もいる状況になることもある。また、子だくさんの兄弟姉妹全員が何らかの施設に入所している家庭も少なくない。経済的な窮迫や家庭内の人間関係に問題があれば、母親は落ち着いて子どもをみるゆとりを持てず、さらに母親あるいは子どもに何らかの障害があると、母子関係は破局的となることが多い。子どもたちはほとんど例外なく愛情に飢え、それゆえの問題行動を引き起こす。そして、母親の愛情を求めるゆえの行動が母親の虐待を誘発することになる。

発達障害をもったある少女が言った。

「お母さんは、どうせ育てられないんだったらどうして私を養子に出してくれなかったんだろう。養子に出してもらっていたら、私だってこんな問題児にならないですんだかもしれないのに。お母さんなんて殺したい。あんな人、いなければよかったのに」

彼女は母親に対する強い憎悪の言葉を言いながら、お母さんに抱きしめられたいと泣いた。

別の少女は母親に売春客を斡旋されて家計を助けていた。父親の性の相手をして一家の平穏を図っていた少女もいる。

彼らにとって、家庭は聖域だった。いつか親が自分を振り向いてくれる日が来ることを待ち焦がれながら、現実的ではない夢を家庭に抱き、彼らは他人に言えない想いを抱えてきた。

小舎夫婦制の児童自立支援施設は疑似家族であり寮長寮母は父親母親代わりである、というのは大人の作った構図である。子どもたちにとって、施設はしょせん、家族から引き離されて強制的に入れられる収容施設であり、入所当時の子どもたちにとっての寮長寮母は、彼らを管理する大人に過ぎない。大人にとっての保護は、子どもにとっては自由の剥奪である。大人は思いあがってはいけない。自ら望んで児童自立支援施設に入所してくる子どもなど、ほとんどいないのだ。

3　被虐待経験をもつ子どもたち

子どもたちが負ってきた被虐待の経験は、彼らのこころに深い傷をつけている。思春期の子どもたちにとって、その傷は、傷痕と言うにはまだあまりに生々しいために、簡単には口にできないことが多い。彼らはその重い体験を、寮長にほんのわずかだけ垣間見せる。あたかもそれは、この大人は自分の体験に対してどういう反応をするだろう、という子どもからのテストのように見える。寮から医務室への診察依頼がある時、それはほとんどの場合、精神科診察を必要とするだろうと入所時評価で医務課が考えていた予想と合致する。

医師と向かい合ったとき、虐待体験をスムーズに話す子もいれば、なかなか口にしようとしない子もいる。スムーズに話す子どもたちでも、どこか、本をそらんじているような口ぶりの場合がある。核心部に来ると無意識に話題をそらす場合もある。彼らは大人に裏切られる経験を繰り返してきた。自分が虐待を訴えたことで、さらなる虐待を受けた子もいれば、親を不当に傷つけてしまったと思い込んだ子もいる。加えて、他人に親の悪口を言いたくないのは、どの子も同じだろう。無理に話さなくてもいいよ、と私は伝え、彼らは少しほっとした表情になる。

彼らは、親を中心とした他者との関係で傷つきを繰り返してきた。大人に対しては、表面的には非常に従順である。しかし内面では、強い反発心と恐怖を感じている。他人を迂闊に信用してはいけないと、過去の体験が彼らに教えているのだろう。彼らは大人をためす。わざと自傷や規律違反を起こし、あたかも、叱られる場面を作ろうとしているように見える。これは被虐待体験の再被害誘発行動であり、PTSD症状と読み取ることもできるだろう。他の子が職員と話をしている場面を見ると強い嫉妬を感じ、話に割って入る。時にはその子を陥れるような言動をしたり、陰でいじめをすることもある。

いじめ行為が発覚した時の彼らの口調は同じだ。

「どうせ私なんて」

何で私だけ怒られるの、という言葉は出てこない。これは、診察室でのみ発される言葉である。彼らは頭では、自分が叱られるようなことをしたのだとわかっている。だから生活の場では、そこから先は言葉にならないのだ。

虐待を受けてきた彼らは、自分だけがつねに損な立場に置かれていることを強く意識している。これまで、自分がいじめられていた時に誰が自分の立場に立ってくれたというのか、誰が自分をかばってくれたり、守ろうとしてくれたというのか。自分を散々にいじめた親や学校の友人は、誰ひとり罰されることなく社会でのうのうと暮らしているのに、自分だけが施設に送られたではないか。ここに来てからだってそうだ。自分だって、上級生にいじめられた。チクったと言われるのが嫌で、何度もトイレで泣いた。見えないところにできたあざは隠し通した。それなのに、自分がやれる立場に立った時、何で自分はやっちゃいけないのか。やられたものの気持ちを考えてみろ？じゃ、誰が私の気持ちを考えてくれたんだ。

被虐待児のこころの奥にある怒りは、些細な刺激で不意に噴出する。とりわけ彼らの被害感情が刺激された場合に、爆発的な混乱が生じることが多い。後に聞けば、自分でもなぜそれほど感情的になったのかわからないという。彼らの怒りは、自分を十分にケアしてくれない職員に向けられ、他の入所生に向けられ、そして自分自身に向けられるのだ。

被虐待体験そのものを扱う時期は子どもによって異なる。子どもの問題行動がおそらくは被虐待体験からきているからといって、即座に被虐待体験を洗いなおすべきだと考えるのは早計であろう。不用意な掘り起こしは、再被害を引き起こす危険性を伴うからである。子どもが被虐待体験の掘り起こしに耐えられる状態なのか、そして日常生活における支援体制が整っているのか、といった評価が必要である。被虐待体験を乗り越えるには、長い時間と労力が必要となる。直接に被虐待体験を扱わずとも、精神療法を行っていく間に、自分が他者から受け止められているという感情をもつ子どもがいる。その感情は、自己評価の改善に、すなわち自身と他者の存在価値の修正につながる。施設の中にいる間に目に見える変化は少なくても、自分がそこにいてもいいのだと思える経験をもつことは、彼らの人生にとって大きな一歩となるであろう。なお、被虐待体験をもっているからといってすべての子が複雑性PTSDにかかっていると考えることも、子どもの問題の本質を見失う恐れがある。

④ 触法行為の振り返り

一四歳未満の子どもに刑法は適用されない。だが、彼らは自分の行為については認識している。他者の命に関わるような事件の加害者となった場合、本人が主犯であれ従犯であれ、彼らは自分がなぜ児童自立支援施設に送られたかを知っている。彼らは、施設送致に納得しているわけではないが、送致されてしまった以上はその処遇に従わざるを得ないと考えているようだ。したがって、重大な事件に関わった子どもたちは、そうでない子に比べて、生活上は施設への適応がよいように見える。

日々の日課に追われながら、彼らは自分が他の子どもたちと同じ立場ではないことを強く意識しだす。自分が起こしてしまった取り返しのつかない行為は、他の子どもたちのように気楽に「内緒話」のできるものではない。事件の生々しい記憶にさいなまれる子もいれば、事件の記憶がすっぽりと抜け落ちている子もいる。自分の中で事件をどう処理していいのかわからないまま、仮面をかぶって生活する自分自身を、彼らは強く意識するようになる。

彼らにとって、医務室に来る時だけが事件について口にできる時間である。児童自立支援施設は、少年院のように矯正教育を目的としている施設ではない。しかし、重大事件に関わった子どもたちにとって、事件の整理なしには社会復帰はあり得ない。年若い彼らは、自分の行為については認めているものの、その行為の意味や重大性、その行為が引き起こした結果については理解できていないことが多い。しかし亡くなった命がかえってこないように、彼らの人生のある部分も、永久に失われてしまった。そのことを、生活の中で彼らは少しずつ気付き始める。

医師の役割は、彼らに反省を促すことではないし、お詫びの手紙を書かせることでもない。筆者ら精神科医にできることは、彼らに寄り添い、なぜ彼らが事件を起こすことになったのか、その流れを共に考えることである。その過程で、彼らは自分が失ったもの、自分が引き起こしてしまった結果を少しずつ認識していく。彼らは時に、自らを否定したくなり、自暴自棄になる。事件を起こしてしまった彼らが、自分を認められるようになること、そして事件を自らの人生の中に位置づけて再犯をしない新しい生き方を探すこと、その作業の援助こそが、事件を医務室で取り扱う目的であろう。それは世間の耳目を騒がせたような事件でなくても言えることである。万引きであれ売春であれ傷害であれ、それらを行ったことは彼ら自身の人生を変えた。そのことを、彼らがきちんと認識しなければ、安易な犯罪が繰り返されることになるのだ。

生活の場は事件の検証の場と切り離されている。おそらく彼らは、この経験を経て、事件を背負いながら当たり前の日常を送っていく二重生活の訓練を重ねていくのだと思う。

5 発達障害をもつ子どもたち

発達障害児の多くは学校の先生によってまず気がつかれる。ADHD（注意欠如・多動性障害）は、その行動パターンから比較的低学年で指摘されるが、広汎性発達障害の場合は事件に至るまで、あるいは施設に入所するまで、気がつかれない場合がある。他の入所生と協調できない、定められた日課に順応できない、苦手な場面で固まってしまい動かなくなる、トイレに閉じこもる、突然物を投げたり奇声をあげる、他者に対して被害的になる、ということが、入所後しばらくすると散見されるようになる。そして、ひとたび集団行動からドロップ・アウトすると、集団復帰が著しく困難になり、個別的対応をせざるを得ない広汎性発達障害圏の子どもたちが、ここ数年、急増している印象がある。

これまでも発達障害をもった子どもたちは入所していた。集団処遇を原則とする寮内で「浮いて」しまい、他の入所生と行動を共にすることができなくなる子どもに対して、一時的に個別的対応が取られてきた。そして個別的な対応をしながらもこれまでは、寮長や寮母の「職人芸」と他の入所生による「集団力動」がその療育にプラスの影響を与えて、発達障害児は寮の中にいながら徐々に日課に導入されていくことが可能だったように思う。しかし近年、子ども同士の集団力動は以前ほど機能しなくなっている。これにはいくつかの要件が関係しているだろうと思われる。元来被害者になりやすかった広汎性発達障害児が加害者としてあらわれるようになった、すなわち施設に入所する発達障害児の実数が増加したことも一因であるが、定型発達児における社会性の訓練の不足も原因のひとつと思われる。いわば、入所生のほとんどが、発達障害児であれ定型発達児であれ、対人関係の困難さや社会性欠如の問題を抱えるようになってきている。加えてほとんどの入所生に愛着障害が認められる。誰か一人が個別的に寮長から面倒を見てもらうことは、その子の障害を考慮する以前に嫉妬の対象となることがあるのだ。

寮日課から外れて個別対応となった時、定型発達児と広汎性発達障害児には歴然とした差が見られるようになる。定型発達児が寮の集団生活に戻りたいと言うのに対して、広汎性発達障害児は一人の環境を楽しみ、むしろ生き生きと生活しだす。彼らの中には、寮に戻って他の生徒とともに生活していくことを拒否する者も多い。

ほとんどの場合、彼らは小学校中学年頃から自分が他の子どもと異なっていることに気がつき始める。多くの場合、それは他の人には理解してもらえない違和感である。他の生徒と同じようにできない、同じように感じられない、その理由が自らのもつ広汎性発達障害にあって自分が単にわがままというのではなかったと知って、ようやく安堵する子もいる。「自分は友達も多いから自閉症とは違うと思います」と言う子も、友達との関係における違和感や本人にとって理解できない誤解について説明され、うなずくことが多い。

こうした障害については、本人と周囲が告知されることによってその生活は大きく変わる。本人にとっては自分の対人関係の問題点が明確化されるし、寮職員にとっては指導力の問題ではなく指導方法の問題であると理解することができる。本人をどのように療育していくのか、将来どのような仕事を選んでいくのかを考える上で、障害、特に広汎性発達障害や知的障害の告知は重要な意味をもつ。

6 児童自立支援施設の生活の目的

児童自立支援施設で生活訓練をする目的は、施設の中で適応的な生活ができるようになるためではない。子どもたちにとっては、やがて戻っていく社会で適応できるようになるために、施設があるのだ。子どもを見守るすべての大人が、そのことを認識しておく必要がある。子どもたちは一日でも早く施設を出たいと思う。そのために生活の場で失敗してはならないと考えている。だが、それほど上手にこなせるものならそもそも施設に入ってはこないだろう。失敗しない子どもなどいない。その失敗の経験が社会で生活する上で生きてくるのだ。施設の中で上手に生活していくことはよいことではあっても、それほど重要なことではないだろう。

寮での指導は地道で辛抱のいるものである。問題行動が起こるたびに、寮長は指導を繰り返す。時に、果てしないいたちごっこに見えることがある。もうこれ以上やってもムダだ、と周囲が感じても、担当寮長はあきらめない。そんな子の一人が、伸び続けた退所を前に語ってくれた。彼女は施設送致となった直接の事件については、否認を繰り返していた。

「私は、この事件が解決していないからここに送られてきたと思っていた。だから、ここに来て最初の半年くらいは、この中の人間とは絶対に関係をもたない、と思って生活してきた。

でも、だんだんに、寮長先生たちは、事件とは関係なく私と接してくれているとわかってきた。この事件の前も、自分はいろいろやってきた。こっちに来て今までの生活を振り返って、どうやって生活をよくするかを考えた。今まで私のことを一番わかっていると思っていたお母さんでさえ、私を変えられなかった。でも、寮長先生が私を変えてくれた。今はここに来たことに感謝している」

寮長との壮絶なバトルと反抗態度を見てきた私は、彼女がこのような思いをもって退所していってくれることに驚いた。

児童自立支援施設の医師にできることは限られている。多くの、健常な子どもたちは寮での生活の中で成長していく。医務室は時に、寮の生活の不満のはけ口になる。しばしば、「医務課は子どもを甘やかす」とも言われる。しかし、子どもにとっては甘える場所も必要だろう。寮で言えない不満を吐き出す場所も必要だろう。寮で言わないのは、自分の不満が通らない不満であることをわかっているからだ。ひとしきり不満を言うと、多くの子は寮に戻っていく。その先には、社会での生活がある。彼らの成長にほんの少しでも手を貸すことができれば望外の喜びである。

第5章

児童養護施設での経験から生活を考える

国分美希

1 はじめに

一つの命がこの世に誕生し、両親をはじめ多くの人たちがこの命の誕生を喜ぶ。子どもは成長する過程で、両親や家族、そのほか縁のある人から折に触れて自分にまつわるエピソードを聞かされ、共に過ごす時間のなかで、自分の存在が愛され、望まれてきたものであることを実感していく。子どもにとって、人生最初の人間関係となる親子関係が、どれだけ心地よいものであるか、自分の存在をそのまま受けとめてもらえる体験であるかは、その後の人生の根幹となる。人は生まれてくるときに、どのような親、家族の下に生まれてくるかを選ぶことはできない。しかし、東日本大震災のような天災ではなく、子どもにはまったく非がないにもかかわらず、親や身近な大人による虐待行為で、心身を傷めつけられ、家庭からはじき出された子どもたちの喪失感・絶望感は計り知れない。本来、子どもを愛し、慈しみ、護るべき親や保護者から受けた仕打ちの代償は、彼らの存在の基盤を揺るがすだけでなく、子どもの育ちを難しくし、人生の長きにわたり、影響を及ぼしていく。たまたま恵まれた人にとっては当たり前のように思って享受している家庭生活が、安心できる場とならず、自分に与えられたこの不条理な運命と、懸命に闘わざるをえない子どもたちに、社会は、そして社会的養護に携わる職員として、私たちは、彼らにどのような支援を行い、何を分かち合うことができるのであろうか。

児童自立支援施設で暮らす子どもたちの多くは、人生のいずれかの時期に児童養護施設の措置を経ているという。児童自立支援施設へ措置変更せざるを得なかった子ども、矯正期間を経て再度受け入れられた子ども、新たに高校進学を果たした子どもを受け入れた経験からも、児童自立支援施設と児童養護施設は、子どものケアの連続性を考えると、さらに連携を深める必要があると思っている。児童養護施設の指導員として長く身を置くなかで出会った子どもたちへの支援を通して、今回与えられた「生活を通しての支援」というテーマについて考えたい。

2 社会的養護の現状

二〇〇〇年に制定され、二〇〇四年に一部を改正された児童虐待防止法が成立して一〇年余の歳月が経つ。児童虐待の防止に向けた児童相談体制の整備や児童相談所を中心にした関係各機関の連携も進み、被虐待児の早期発見・早期対応が図られ、親や保護者から分離・保護されてくる子どもの数は増えつづけている。そのため、社会的養護を担う児童福祉施設の現場は、被虐待児が半分以上を占め、ほとんど満員状態である。加えて、虐待や不適切な養育環境での育ちは、子どもの攻撃性や衝動性の自己コントロールを奪い、他者への暴力や反社会的行為を生みやすい。自己の存在を否定され、心の根底に秘めた怒りから、自傷他害の行為を繰り返す子どもが増え、支援する側にとっては、本人だけでなく、周囲の子どもの安全を守ることを理由に行動規制を求めたくなる。とりわけ、幼少期より厳しい虐待環境に晒され、心の中に拠り所となる大人を持たない子どもたちは、目には見えない深い絶望感を心の奥に抱えているのであろう。施設入所後、安全な環境に身を置くなかで、これまで抑えていた怒りと甘えがいろいろな形で噴き出してくる。また、生き抜くための手段として身に付けた万引きなどの反社会的行為、不適切な生活習慣や対人関係、自分の欲求が思うように通らないとキレて暴れるなど、児童養護施設で抱えきれずに、児童自立支援施設への措置変更や精神科医療への入院や服薬治療に頼ることが多くなり、その対応に混乱を極めている施設も少なくない。

このような被虐待体験によって心に傷を抱えた子どもたちや、さまざまな発達障害様の症状を示す子どもたちの増加に、より専門的な治療的機能が児童養護施設や児童自立支援施設の現場に求められ、子どもたちの心の傷の回復のために心理職や精神科医の配置も実現され、現場で着実に実績が積まれている。しかし、精神科医や施設現場で臨床経験を積んだ心理職がいる機関もまだ多くはなく、被虐待児の治療的ケアに求められる個別化、小グループでの生活環境など施設内の物理的環境の整備も追いついていない現状を考えると、子どもたちの問題を十分に受けとめられる支援体制や機関は少ない。

かつて児童福祉施設の先人たちは、子どもと相まみえながら生活を共にしてきた。そこには、人間同士のぶつかり合いがあり、ひとりの人間としての素養、感性などの触れ合いが、互いの信頼関係を育むきっかけとなっていた。北海道家庭学校校長であった谷昌恒氏の『教育力の原点』という著書のなかで、その実践を伺い知ることができる。そのなかの「いま教育に欠けているもの」という章に、次のような一節がある。

〔…〕私はいつも大勢の少年たちと生活しています。少年たちのひとりひとりが背負っている人生の重荷を思うと、年若い少年たちが、それに耐えぬいていくことは、まことに容易なことではありません。にもかかわらず、私は少年たちがけっしてそれに負けないで、強く生きていって欲しいと願っています。試練の多い、困難にみちみちた、この長い人生を、どう生きたらいいのか。私は少年たちといっしょになって、考えつづけたいと思うのです。慰め、叱り、励まし、いつも考えていたいと思うのです。〔…〕親孝行をしなければならないことはわかっているけれど、飲んべえのうちの親父は許せない、そう思うのです。そうした時、どう考えたらいいのか、どう行動したらいいのか、そこに道徳の問いかけがあるのです。

信仰に裏打ちされた信念と、つねに少年と共に生き、悩み、考えつづけるという言葉に裏打ちされた真摯な実践の日々が、傷ついた多くの少年の心の再生に繋がっている。

近年は、児童虐待への対応に、より心理治療的支援の必要性が重視され、課題を抱えた子どもたちにさまざまな診断名が与えられ、専門用語が多用された支援のマニュアル化も進んでいる。子どもの理解、養育は言葉の世界でスマートに語られることが多くなり（久留 2004：宮島 2010）、目の前の子どもの本来の姿を見失ってしまう危険性をはらんではいないかが懸念される。

3　養育のはじまり

村瀬（2006）は、自分の存在を基本的に否定されたような生活を営んできた被虐待児への支援には、医療や心理治療的支援と並行して、人格形成の基底の課題である安心感や信頼感を持てずにいる子どもたちが、もう一度その課題を獲得し直す、いわば「育ち直す」という自我の再形成に繋がる援助が必要だとしている。このような援助には、人間関係を回復しやすいように、生活環境そのものを治療的に調整することが必要であり、何気ない日々の二四時間の生活そのものが、子どもに安堵感を与えるような質の良いものにすることが大切である。そのとき、支援する大人には、（1）心の傷を癒す治療的視点と子どもの成長発達を支える視点、（2）顕れている症状や問題ばかりでなく子どもの潜在可能性に気づき、子ども自身が主体的に動き出すまで、根気よく、子どもの揺れにも信じて待つ姿勢が求められる。そして、子どもと真摯に向き合おうとする大人との出会いが、子どもの変容を促していく一歩となり得ると村瀬（2006）は述べている。

家庭の中で安全と安心を脅かされた生活をしてきた被虐待児にとって、施設の暮らしのはじまりは不安と期待でいっぱいであることがわかる。入所直後の子どもたちの言動を観察すると、いろいろな場面で支援の糸口を教えてくれている。子どもの言動から、彼らが言葉にできない気持ちを行動の背後に訴えていることを汲みとる努力、どのような成育史であったのかを知ろうとする努力が大人に求められる。

入所して間もない小学生のA子を初めて施設に面会に来た祖母が、職員に「ここにはどのようなお子さんがいるのですか？」と尋ねた。すると突然、傍らにいたA子が「ここにはいらない子ばかりがいるんだよ！」と怒ったように言い、周りを驚かせた。心を病んだ母親からの心理的虐待を受けつづけてきたA子。A子自身だけでなく、親の面会や外泊も少ないホームの仲間の状況を敏感に察し、思わず出た言葉であった。日々の生活でのA子は、自分の要求をすぐに職員が聞いてくれなかったり、何か用事をしながらうわの空で話を聞くと、突然怒り出し、「何でちゃんと聞かない」「役立たず！」「お前はそんなに偉いのか」等々、職員に執拗に悪態をつき、追いかけながら、職員の身体を蹴りつづけるなど、沈静化するまでには長い時間を要した。「何で？　何で聞いてくれないの……？」「あたしのこと嫌いなの？」心の中でそう叫んでいる彼女の大きな怒り、深い悲しみが、彼女の荒々しい言動から伝わってくる。

五歳のB男は、軽度の発達障害を持ち、幼児の頃から周囲の環境にうまく適応できず、母親の子育てを難しくした。その苛立ちが虐待を生み、母からの壮絶な身体的・心理的虐待を受け、兄弟のなかで、彼だけが施設で暮らすことを余儀なくされた。入所当日、来園した母に「久し振りだね」と屈託のない笑顔を投げかけたB男に、母も一瞬戸惑いの目をしたが、すっと視線を外し、彼の横を通り過ぎた。手続きが終了し、玄関まで母を見送ることを勧められたが「行かない」と遊んでいた部屋を動かなかった。職員が母を見送った直後に、B男が走って現れ、母の後ろ姿をじっと（振り返れ……）と祈るかのように凝視していた。しかし、一度も振り返ることなく母の姿が見えなくなると「チェッ！」と舌打ちし、踵を返しダーと走り去った。走りながら、そばにいた数人の幼児の頭をポン、ポンと叩いて泣かせ、本棚の本をばらまき、自室に消えていった。その後のB男は、過食、暴力が止まらず、親や兄弟にぶつけられない怒りが、施設の年少児や職員に暴力という形で向けられた。

親から受け入れられず、生きていくうえでの条件にさまざまな障害のある子どもにとって、施設の生活の中で、誰かから「あなたにいてほしい」「あなたは大事な存在」と心の底から思われることなくしては、彼らに与えられた人生の不条理を受け入れ、素直に真面目に生きていくことは難しいと村瀬（2003）が述べているように、施設の環境の中に、社会的養護の下にある子どもたちには、生きていくうえでの一番基盤となるところに欠けたものがあるという痛みを心に留めたい。そして「もう一度、ここで、大事な子どもとして育て直す」という共通認識を持ち、施設生活のはじまりに、子どもが「今まで出会った大人とはちょっと違う、ここでがんばってみよう」と思える安堵感を送りたい。

その子どものために用意された部屋には、入所前の面会で確認した子どもの好きな色で用意された寝具や衣類、食器や勉強道具など、自分を大事に迎え入れてくれていると実感できる物理的空間を整えることは、これからの生活に一筋の光を灯し、不安がいくらか軽減できるかもしれない。

そのうえで、彼らが抱える問題がどこからやってくるのか、器質的問題なのか、環境に問題があるのか、あるいは家族の問題で苦しんでいるのか、心理職とケアスタッフ間で、日々の生活の様子を観察して関わるなかから、子どもの見立てを共有すること、児童相談所や医療機関の力を借り、子どもの状態を知るアセスメントを求めることが必要となる。

④ 回復への道のり

本来、子どもの育ちは親からの無条件の愛の中で、自分の快・不快の感情が受けとめられ、満たされていく体験が繰り返されると、人への基本的な信頼感が育まれ、新たな活動のエネルギーとなっていく。次第に親がそばにいなくても、心の中に親が内在し、子どもの行動の規範となっていく。いわゆる愛着の形成であり、対人関係、情動コントロール、社会性を育む基盤となる。この愛着のまなざしが注がれた経験の乏しい子どもたちの生活においては、自分は人として大切にされたと実感できる経験が重ねられることが絶対的に必要となる。

日々の生活を、経過観察や当初のアセスメントにより、個々の子どもの状態に合わせ、躾やルールに過度に縛られず、子どもの欲求充足が満たされ、主体的に活動できるように工夫したい。入所後、これまでの生活の中で身につけた習慣、言動、対人関係のあり方が、さまざまな場面で見え隠れしてくる。顕れている症状や問題ばかりに注目することなく、子どもの潜在可能性を引き出せるように、子どもがどのような生活を営んできたのかに思いを巡らしながら、新たな環境に適応できるようなさまざまな個別の工夫と時間が必要とされる時期である。必ずしも、すぐに心理治療や医療に繋がる子どもたちばかりでなく、むしろ、自分の力や内面に触れることを極度に恐れている子どもも多く、ケアスタッフと心理職などの連携が重要となってくる。子どもの言動をどのように理解し、児童相談所や医療機関などへ情報提供するか、その子の特質を自分は本当に理解することができているのかを自問自答し、子どもと生活を共にするなかから得た見立てや情報は、いわば、生きたアセスメントとなる。私たち職員の伝える言葉や情報が子どもや家族のアセスメントに少なからず影響を及ぼすことを自覚し、研鑽に努めたい。

そのような視点に立つと、一見年齢不相応の退行も必ずしも否定的に捉えず、発達課題を遣り残した年齢に返り、そこから精神的に育て直すという側面もあることがわかる。また、子どもの発達状況を知ることにより、子どもの中に何を育て、育つためにはどのような適切な条件や環境を整えることが必要なのか、仮説を立て、それをもとに、子どもの良い面、潜在可能性に着目しながら、自分や他人を傷つけずに自分の気持ちを表現する適切な方法を子どもと一緒に考えていく姿勢を示すことができる。言語化できる時、そうできない時の非言語的メッセージをどのように大人が受けとめ、応えていけるか。子どもの試しや挑発的な言動は、彼らが周りと繋がりを求めているサインと捉え、その意味を適切に理解していけると、子どもとの繋がりを深める糸口になっていく。

A子やB男への関わりも、彼らの苦しさや不安を受けとめることから始めると、関わりの内容が変わっていった。彼らの行動化がすぐに改善されたわけではないが、大人が行動化を止めさせるのではなく、子どもがその行動を起こす意味や必然性を少しずつ理解できるようになり、そのような行動をとらないためにはどうすればよいのか、子どもと話し合える関係が担当者との間に生まれ、そこから、生活するうえでのそれぞれに合った一定の枠が工夫された。

ある日、筆者が「A子が苛立った時、どのように対応すればよいか、分からず、困っている」とA子に問うと、「○○姉（担当職員）に聞けばわかるよ。あたしのこと、よくわかってるからさ」と、しっかり筆者の目を見据えて答えた。依然、A子の行動化は続き、心理職や医療との繋がりも拒否、児童相談所から児童自立支援施設への措置変更も勧められたが、ケアスタッフとの間に形成された絆を信じ、当園での生活を継続した。何とか高校に進学するが思うように登校はできない。その苛立ちが周囲の子どもや職員にぶつけられ、A子と職員の格闘しながらの苦しい時期が続いた。しかし、今まで担当職員以外の大人との話し合いの席に就けなかったA子が、少しずつ自分の気持ちに向き合いはじめた。そして、一八歳を待たずに、自分の力と現状にA子なりの折り合いをつけ、祖母との生活を選択して、自分なりの進路を見出し、退園後は元気で働いている。

中学生になったB男は、思うように修復できない家族への苛立ちや、彼の特性も影響し、行動化を抑えられない日々が続いた。そのため、彼の短所が引き出されてしまう集団から外し、個室での生活を工夫しながら、担当職員や心理士のメリハリのある粘り強い働きかけに支えられた。入所時より諦めずに続けた家族への働きかけで、細々とであったが、継父が母とのパイプ役としてB男への面会と励ましを続けてくれていた。

ある時、仲間とのトラブルから怒りを爆発させ、またしても男性職員数名が抑えなければならないほど暴れたことがあった。入所時より彼の支援に携わってきた筆者も、無謀にも彼を抑えようと近づくが、一蹴された。しかし、その力は思いのほか弱く、コントロールされていた。落ち着いた彼に「力を抜いてくれてありがとう」と声をかけると、「おばさんは労わらないとね」とニヤッと笑った。この頃、母に対しての怒りや想いを口にすることを頑なに拒否していたB男が、少しずつ、母からの見捨てられ感を担当職員や心理士に話しはじめていた。「なぜ、母は自分を虐待したのか？　自分が悪い子だったからなのか？」ずっと抱えていた葛藤は、心理士から説明された母の生育歴や虐待体験に耳を傾けるうちに、自分のせいではなかったのだという実感に変わった。そして、自分の生い立ちや母への怒りと期待など素直な思いを少しずつ、話をするようになっていた。子どもの行動の裏にある微かな成長の軌跡を受けとめる難しさに気づかされた瞬間だった。

子ども自身が自分の課題や家族の問題に向き合うためには、それ相応の時間と自分の存在を受けとめてくれる人の存在や体験が必要である。その「時」が熟した時、無心に彼らを支援してきた人たちだけが、一皮むけたような子どもの生き生きとした姿に出会うことができるのではないだろうか。

5 何気ない日々のやりとりを通して

日常生活のふとした折に、子どもの言葉にはできない気持ちがぶつけられる。日常的に暴力行為で周囲から恐れられている中学生が、高熱で通院の必要に迫られた時、若い職員の引率を拒み、朦朧とした眼をしながら、年配の職員に自ら同行を頼みに来た。職員は理由を問うことなく、快く通院に同行し、彼の母親としての役割を果たした。施設の生活を否定していた時期、母親と同世代の職員の同行は、どんな関係だろうかと好奇の目に曝されないわずかな安堵感となる。親との外出のエピソードを自慢気に話す子どものそばで、忙しく立ち働く職員に、執拗に抱っこをせがむ幼児。職員が動かす手を休め、そっと抱き上げ抱きしめてもらえる満足感。せつない心が少し温まる時間となり得るだろう。振り上げた拳を制止され、激しく職員の胸に怒りの拳をぶつける高校生に、逃げることなく、無言で受け止めている職員の姿。傍らで見据えていた中学生の心に職員への信頼が芽生えた瞬間。親元に帰省し、心ない言葉で罵倒され、逃げ帰ってきた高校生。涙ながらに訴える彼女を抱き寄せ「あなたは本当にいい子だね」とささやきながら、静かに頭をなでつづけてくれる職員。

深い絶望や怒りで押しつぶされそうな思いの中にある子どもに、性急に心の内面に触れることを求めるより、一見何気ない日常生活のやりとりの中で、子どもの気持ちを的確に汲み、子どもが受け入れられる程度に、子どもの求めに応じることができるか、そこに心理的援助の意味がある。

６ 一人の少年との出会いから

母の死を目の当たりにし、その後長い父との放浪生活の末に入所した五歳のC男は、職員が体に触れようと手を伸ばしたり、そばに近づこうとすると、サッと払いのけ、パンチを腹部や顔面に飛ばす、唾を吐きかけるといった行為が続いた。入所理由に虐待は挙げられていなかったが、彼の言動からは、激しい虐待環境に置かれていたことが推測された。

入所時より衝動的で、すぐに欲求が満たされないと、暴力を伴う激しい行動化を起こした。親族との連絡も取れず、生育史はほとんど不明。施設内、児童相談所、医療機関、あらゆる資源を利用しながら検討協議を重ねたが、人への安心・信頼感を持たないC男が医療機関や心理療法に繋がることはなく、まず安心して落ち着いた生活ができるよう個別対応や欲求の即時の充足、躾や年齢にこだわらず、さまざまな対応の工夫や環境調整に配慮が重ねられた。C男を中心に支援体制が組まれたため、他の子どもたちが我慢を余儀なくされることも多く、事あるごとに不満が噴出した。しかし、破壊的な行動を起こすC男に対して、彼の気持ちを受けとめながらもひるむことなく向き合い、つねに暖かな心で接する担当職員の姿勢が、年長の子どもたちに伝わったのであろう。彼を排除することなく、職員と共に彼の良き理解者となり、その後もC男の支援の大きな力となってくれた。

三年近くを経て、暴力的言動もいくらか軽減し、大人への素直な甘えや依存を見せるようになったが、担当職員の退職や交代、居室移動など環境の変化に適応できず、行動化が悪化。新たな人間関係に適応できず、児童相談所と協議を繰り返し、ひとまず医療機関へ委ねることになる。退院後も服薬治療の効果は見られず、他児への危険な行為も続き、やむなく児童自立支援施設へ措置変更をお願いする。何年かの矯正期間を経て、C男の学園に戻りたいとの希望を受け入れるため、退所間際であったが、自立支援施設と児童相談所を交えた三者でのカンファレンスを重ね、当園の心理士が面接に通うなど、不十分ながら受け入れの準備を進め、当園へ再入所する。当初、児童自立支援施設で身に付けた学力や生活技術が周囲からも、高い評価を得て、C男なりにやり直そうという意欲が、生活の随所に見られた。しかし、一カ月もすると、学校や施設内の友人関係が引き金になり、次第に約束事も守れなくなり、他児や職員とのトラブル、万引きや夜間徘徊などが頻発する。

何か問題を起こすたび、（もうここには居られなくなるのでは？）と思うのか、「学園はいやだ」「学園を辞めたい」「普通の家だったら門限とか就寝時間とかない、もっと自由なはず」「学園の大人はうざい。いちいちうるさい。児相に言って、他のところに替えてもらってよ」など、自ら関係を切ろうとするかのように不平不満をぶちまけに来た。「こんな状況で、学園から出すわけにはいきません」と、きっぱり伝えると「うぜえ」と言いながらも安心したかのように沈静化した。この間、心理職や精神科医との面接もほとんど拒否し、席についても適当なことを言うのみであった。反面、日常生活の中で突然「俺のお母さんは何で死んだの？　知ってるんでしょ。ちゃんと教えてよ」と苛立ち、「俺の家族は、きっと親父はヤクザ。母親は精神病だよ。しょうがない家族だよね」と寂しそうな目で呟くなど、自分の生い立ちへの疑問、不安に苛まれている様子が感じられた。これまでにも何度か伝えられていたが、受け入れたくない事実であるのか、小さい頃の曖昧な記憶は、夢だったのか現実だったのか、過去からの時間が繋がっていない彼の胸の内には、現実の出来事として収まっていないのであろう。児童相談所から聞いている事実として、亡くなった理由を伝える。そして、事実はわからないが、たとえ、そうであっても、父も母もなりたくてなったわけではないと思うこと、いろいろ辛い状況があったのだろう、誰か相談できたり、助けてくれる人がいなかったのかもしれないと、C男の現状と重ね合わせて伝えた。黙って聞いていたが、一言「もういい」と部屋から出て行く。その後も、同じような問いを、関係職員に何度か投げかけている。自分の出自に触れ始めた時期を捉え、母方祖母に働きかけ、担当職員が同行し、母の墓参の機会を得る。祖母や親戚から母や自分のエピソードをニコニコと聞くC男の姿が見られ、その後、母の死への問いは治まっていった。しかし彼の激しい行動化の要因と推測された被虐待体験や出自への怒りや悲しみの感情は閉ざされたままだった。

⑦ 子どもの出自・家族の情報の扱い方

虐待をはじめ、不適切な養育を受けてきた子どもたちにとって、乗り越えねばならない課題は親との関係をどのように再構築していくかである。自分を捨てた親、虐待した親といえども子どもの心にはいつか一緒に暮らせるのではないかという想いを秘めていることもあり、親の側にも容易には癒えない問題や心の傷を抱えている場合も多いことを考えると、子どもが、親との関係をどのように胸の内に収め、新たな自分の人生を生き直していけるのか、子どものアイデンティティの確立にも関わる大事な課題である。

施設入所前に、児童相談所や家族から入所に至る理由を説明されているが、その時点での子どもの心の痛手や年齢的なことを考えると充分とは言い難い。その後の子どもたちの言葉からも、親との連絡が途絶えてしまった不安、家族が今どうなっているのか、自分はいつまでここで生活をするのか、先の見えない不安に苦しんでいる。また、学校生活は、さまざまな場面で自分の家族との繋がりを求められる場であり、否が応でも自分の置かれている環境を考えざるを得ない。子どもたちの多くは、自分がなぜ施設で暮らしているのか、暮らさなければならないのか、説明されずとも感じ取り、子どもなりに自分の胸に収め、納得しようとしている。（親が病気だから、お金がないから、自分が悪い子だから、捨てられたから……等々）その結果、子どもの心の不安や葛藤がさまざまな逸脱行動や身体症状として表れてくることに留意したい。

また、子どもの出自・家族の情報には、伝えづらい事実も多く、知る側に多くの痛みと混乱をもたらす。「置き去り」「棄児」という事実は、親の顔を知らずに育った子どもにとっては、「親に捨てられた」ことを意味する。それは子どもにとって重い烙印でもあるが、そこに至る親の背景には、未婚の出産、望まれない出産、望んで生んだものの自分の生活さえままならない現実、経済的困窮、子ども時代の心的外傷体験、自らも親の庇護の下に育った経験を持つ人は少ない。

虐待に及ぶ親も、過酷な生育暦を持ち、子どもを慈しみ、護り育てるだけのこころの癒しができていない場合も多い。親自身もサポートの必要な人たちであるが、社会的なサポートが充分に整っていない領域である。

また「精神障害」「薬物・アルコール依存」「犯罪・受刑」など、社会的偏見、批判も強く、子どもに伝えることを躊躇される事実である。

伝える側が、これらの問題をどのように理解し、受けとめているかによって伝わる事実も変わっていく。施設や家族、関係機関を交えたなかで、丁寧な検討がなされることが必要と思われる。

そのうえで、子どもが過去のトラウマに向き合うだけの自我が育っているのか、彼らを抱える環境が確かであるのか（特に職員との関係の深さ）、どのような事実を誰が、どこまで、いつ、どのような方法で伝えていくことが子どもの成長に必要であるのか、一度で腑に落ちる問題ではないので、フォローアップを含め、多角的な視点で充分留意しながら、チーム、施設内での協議・共通理解のもとで進めていきたい。

⑧ 子どものケアへの説明と「聴く」ということ

子どもたちは、入所前にこれまで受けてきた傷の深さに応じて、怒りや悲しみ、不安や恐怖、悔しさや諦めなどを心の奥にため込んでいる。先に進むためには、まずそれを吐き出すことが必要になってくる。そのためにも、些細な良い点を見逃さずに誉める、認めながら、根気よく支持的態度を取りつづける。できることとできないこと、してよいこととしてはいけないことを明示しながら、子どもに大人の意図、意味をきちんと伝える作業が必要となる。そして、子どもの言い分もきちんと聞く姿勢、大人が、子どもの話を「聴く」という姿勢を大切にしたい。大人は、子どもの不安や納得できない事柄に、きちんとその意図を説明し、子どもの考えを引き出しながら、何度でも時間をかけ、双方が納得できるような答えを見つけていく。そのことによって、子どもは行動化に訴えることなく、言葉でのやりとりの手応えを実感できる。「聴く」ことは、相手の言葉をしっかり受けとめ、認め、理解するという能動的な行為である。自分の話に聴き入ってもらった体験の乏しい子どもたちにとっては、あるがままの自分の存在を認めてもらうことにも繋がる。これまでのさまざまな経験や現実を子どもがどのように受けとめているのか、親のことをどのように胸に収めているのか、自分の力・興味関心など自分自身をどのように受けとめているのか、どのような自分でありたいと思っているのか、大人になること、自分の将来をどのように考えているのか、心の支えとしている人や物があるのかなど、子どもたちが抱えている不安や希望を大人にしっかり受けとめてもらえると実感できると、子どもの言動は多少の揺れはあっても次第に変わっていく。

先ほどのC男の話に戻ろう。C男は幾度かの一時保護を経て、問題を起こしたとしても学園に戻れることが実感されてきたのか、それなりに施設のルールを守ろうとする姿勢が見られ、他児への暴力や暴言が減り、大人との話し合いができるようになり、以前の彼を知らない職員ともある程度の関係性が持てるようになってきた。

ある夜、職員に自分の要求が受け入れられなかったことで怒り、園庭の椅子や机を破壊、植木を引っこ抜くなど、散々に暴れた。たまたま外にいた年長児が、暴れるC男をなだめながら、壊した残骸を黙々と片付けて回ってくれた。その後、引き抜かれた植木を植え直している筆者のそばに来て「俺、一時保護所に行くから」と一言。（リセットして戻ってくるのか？）「もう帰って来ないし……」(どこへ行くの?)「天国に行きたい」(C男が学園にはどうしてもいたくないと言うならば仕方ないが、学園で生活を続けるつもりはないのか?)「どうせ、一時保護だし……」(だから、D男には近づくなと思ったのに。大人がいろいろ考えて手立てを打ってもC男自身が壊している。自分で何とかしようと思わないと同じことの繰り返しになる)「一時保護所にずっといたいんだけど、自分でやることが決められているほうがいいし」(学園のような自由な生活は難しいということ?)「別にどうでもいいし……」(今日のようにキレてしまわないためにはどうしたらいいか、大人に相談してほしい)「しねえし……」と、言いながらもいつものような拒否的言葉ではない。怒りをコントロールできない自分への無力感、大人に頼りたいが頼り切れない迷い、見捨てられることへの不安。先の見えないC男の不安を払拭するために、今やるべきこととして、物を壊したことを施設長にきちんと謝罪に行くことを勧めると素直に従った。

再入所時、C男は刺々しくて他人を寄せ付けず、他人(特に大人)に体を触られるのを極端に嫌がったが、表情が穏やかになり、職員の話が入るようになり、隣り合わせに座るなど身体的距離も近くなってきたと担当職員が嬉しそうに話す機会も増えていった。また、服薬の管理やC男の行動への警告の方法など、自分の希望を職員と相談しながら、折り合いをつけていくこともある程度可能になる。時に、行動化も見られるが、穏やかな昔話に笑い興じ、以前の職員や仲間とのエピソードを懐かしむ姿も見られ、関係職員は少し手ごたえを感じられるようになってきた。しかし、日常の生活の中で、C男の自己中心的とも見える言動を、子どもや関係も浅く彼の良い面もまだ実感できない職員がつねに受け入れることは難しく、些細なトラブルで衝突した。次第に、非行への親和性の高いC男は、地域の中での同じような仲間との交遊が広がり、いくつかの事件を起こし、再び矯正施設へ送られる結果になってしまった。

❾ 児童養護施設の今後の課題

自分ではどうすることもできない「過去」を抱えて、人生のはじまりであり人格形成の大事な時期である子ども期を、転々としながら施設で暮らさざるを得ないC男の気持ちを、私たちがどこまで理解できていたのか。彼への支援を振り返ると、彼のプラスの面より、問題性ばかりに焦点を当ててしまい、その結果、彼の反発を招いてしまうなどの悪循環に陥ってしまっていた。

彼のような課題の多い子どもに対し、マイナス面ばかりが強調され、報告される言動から、さまざまな診断名がつけられ、周囲から大変な子どもと思われてしまうことも事実である。しかし、C男のように抱えている心の傷が深く、拠り所となる人もおらず、激しい行動化でしか心の闇を表せない子どもが増えている現在、児童養護施設では、人的にも物理的にも抱えきれない場合が増えている。

現在の児童養護施設の機能には、家庭的な生活環境をより意識した小規模グループケアや、児童虐待など親の背景にある複合化する養育困難な状況へ働きかけるための治療的養育機能が求められている。

さまざまな課題を抱えた子どもや親への治療的援助・環境を整えていくためには、（1）子どもの病理が重くなっていることを認識すること、（2）職員の職種や配置基準の改善（職員数の増加）と子どもの見立てや二四時間の生活をベースにした治療的養育を理解していく知識とケアワークの技術など心理的支援のトレーニングの必要性、（3）一見日常生活の営みといえる活動の中に、心理療法やケアワークの考え方、技法が織り込まれている環境療法的視点に立った統合的な関わり方が必要とされている。

C男のように児童福祉施設間を行き来せざるを得ない状況に置かれ、頼るべき家族もいない状況にある時、転々と生活環境、人間関係が変わることを最小限にとどめたい。将来を見据えた「子どもの最善の利益」が優先されるよう各機関の連携を促進する児童相談所のソーシャルワークの視点に立った役割は重要であり、より良い支援のために、各機関が連携し、子どもの情報が確実に引き継がれていくことが重要であろう。

⑩ おわりに

子どもの意に反して、施設で暮らさざるを得なかった現実があっても、施設の職員や仲間と一緒に同じ時間を過ごすなかで、施設を退所する時には、「ここで暮らして良かった」と思える出会いや体験を積ませられることを職員としては願う。

施設を退所し、十数年経った青年に、施設の職員との関係を尋ねると、「生物学的には繋がっていないけど、精神的な繋がりかな……。小さい時から自分のことを知っていてくれる。隠すこともないし多くを言わなくてもわかってくれる人がいるってことは大きい。自分が言ったこと、やったことを大人になっても喜んでくれる人がいるってことは、大きな励みになる」としみじみと語った。また、成人して間もない青年たちに施設での生活や人間関係について尋ねたところ、「目に見えない何かで繋がっている感じ」「(共に暮らした仲間は) 血の繋がりはないが、友達ではなく、兄弟のような存在」「(元担当職員からもらったという名刺を) なぜか捨てられないんだよね。いつもここに (手帳) 持ってる。安心感かな」と口々に語った。紆余曲折した施設の生活であろうが、彼らに関わった大人や仲間との日々の生活が、深く心に根付いていることを知る。彼らの心に良きイメージとしての人や経験が内在することで、心の痛みがいくらかでも軽減し、人間への信頼を取り戻す一因となり得ていくことを示すエピソードである。

エチオピアの古い民話にある、青年とそれを支える人との関係について、とても示唆に富む話を読んだ。貧しい若者が金持ちから、山の一番高い峰の上で、はだかで一晩中立っていられたら畑をやるという賭けを持ちかけられた。青年は物知りじいさんに相談する。じいさんは、青年が立つ山の反対側に見える高い岩の上で「一晩中、火を燃やしてやるので、その火を見ながらお前のために火を燃やし続けるわしがいることを考えろ。そうすれば夜風がどんなに冷たくてもお前は大丈夫だ」と青年に約束した。そして、青年は遠くでちかちかしている火を見つめながら、一晩、はだかで山の頂に立つことができたという話である。親に護られていた状態から、いつの日か子どもは覚悟して一人で山の上に立つことが必要になる。その時、周りの人にできることは、心配しながら励まし見ていることだけだが、その思いや気持ちが人を助けるのも真実である。遠くの岩の上の火の暖かさは、決して青年に伝わりはしないが、岩の上で火を燃やす人の暖かい思いや祈りは伝わる。人は、適度な依存を繰り返すなかで、自立を促進していく。社会的養護を離れ、自立した後の生活は、思いのほか、たくさんの試練が待ち受けている。青年の心を支えるこの民話の物知りじいさんのような存在が一人いてくれると、彼らの人生が良き航路に向かって進んでいく可能性を広げていく。

彼らが不条理な人生に立ち向かい、人との繋がりを育めるより良い支援が広がることを望み、自身も研鑽に努めたい。

†註

C男の事例については、個人が特定されないよう修正・改変を加えている。

†文献

青木省三 1996『思春期――こころのいる場所』岩波書店
ブルーノ・ベッテルハイム［中野善達ほか（訳）］1989『情緒的な死と再生』福村書店
深谷和子（編）2011「特集「折れない心」を育てる」『児童心理』65-1
久留一郎 2004「被害者支援を通して考える生活と心のケア」『臨床心理学』4-2；208-212
宮島 清 2010「養育のいとなみにとって大切なもの」『季刊 児童養護 創刊四〇周年記念誌』全国児童養護施設協議会 pp.24-44
村瀬嘉代子 2003『統合的心理療法の考え方』金剛出版
村瀬嘉代子 2006『心理臨床という営み』金剛出版
村瀬嘉代子（監修）2007『統合的心理臨床への招待』ミネルヴァ書房 pp230-232
村瀬嘉代子 2010「養育のいとなみに求められるもの」『季刊 児童養護 創刊四〇周年記念誌』全国児童養護施設協議会 pp.10-15
田中康雄（研究代表）2012「児童自立支援施設で生活すること」研究報告書
谷 昌恒 1996『教育力の原点』岩波書店 pp.200-201

第6章 自立援助ホームでの実践を通して生活を考える

高橋一正

1 はじめに——自立援助ホームとは？

社会的養護の必要な子どもたちのなかで、児童福祉施設等退所後に自立を余儀なくされる子どもたちを支援する場所が自立援助ホームである。入居の対象は、おおむね一五、六歳から二〇歳未満であるが、幼少期から両親の離婚、疾病、経済的困窮等の問題を抱える家庭のなかで、何らかの虐待を経験している子どもたちが多くを占めている。まだまだ未熟な年齢であり、発達上のアンバランスさや人間関係障害を抱えている場合も多く、安心できる生活場所を提供し、職員が生活を共にしながらさまざまな相談に乗り、就労に繋げ、仕事を続けられるよう支援を行っている。

児童福祉施設を経由せずに、家庭内暴力で親子の分離が必要となって利用するケース、ＤＶ相談から子どものほうの支援先として利用するケース、発達障害を抱えている子どもの生活と就労支援の目的で利用するケース、精神的なさまざまな症状を抱えている子どもの緩やかな自立支援を期待して医療と連携しながら支援するケース等々、さまざまな経緯で入居してきている。

自立援助ホームに入居する子どもたちは、施設での生活経験のあるなしに限らず、いずれにしても親を頼ることができない状況は共通しており、若くして自分で働いて自立していくことを強いられているとも言える。

また自立援助ホームは、五〇年以上の歴史があり、少年院の身元引受先として、また家庭裁判所からの補導委託先としても貴重な受け入れ先としての実績がある。それらの非行や犯罪を犯した少年たちの育ってきた家庭もまた同じように、家庭の機能が脆弱であったり、虐待の経験を持つことも共通している。

児童養護施設のアフターケア機関としてボランティアからスタートした自立援助ホームだが、一九九八年に「児童自立生活援助事業」として児童福祉法に位置づけられ、二〇〇九年には補助金事業から措置事業に転換された。このためホーム開設数が急増している。二〇一一年一〇月一日付で七六ホームが開設しており、三〇〇名以上の青少年が利用している。

本稿では、社会的養護にある子どもたちの自立の考え方や自立援助ホームの入居者の困難性について整理するとともに、そこから見えてくる支援のあり方について考えていきたい。とりわけ生活を支えることの重要さについて述べていくことにする。

2 自立について

『広辞苑』において「自立」は、「他の力によらず自分の力で身を立てること」と記されている。一般的には、生活に必要な最低限の収入を自ら稼ぐこと（経済的自立）を基盤として、複雑な社会や人間関係のなかで自分の立場を保つこと（社会的自立）、そして自分の行為や感情を一定にコントロールできる自律的な態度を身に付けること（精神的自立）の三つが「自立」の概念として使われている。しかし、児童養護施設や児童自立支援施設、自立援助ホームに辿り着く社会的養護下におかれている子どもたちは、前述したとおり養育環境が虐待土壌にあった子どもたちであり、さまざまな内面的課題を有している。このため大阪府立大学の望月晃氏は、一般的自立概念に加えて、次の三点が重要であると指摘している（望月 2004）。（1）知的身体的障害の有無にかかわらず、多くの子どもに発達障害的状況をもたらしている抑圧要因に対して、人間としての健康な身体機能や生活リズムを回復・維持していくこと、すなわち身辺自立の問題として捉える必要がある。（2）人間関係障害をもたらしている抑圧要因に対して、子ども同士や大人との間で、孤立的あるいは敵対的にならない適切な人間関係を維持していくこと、すなわち社会的存在としての人間という本質的側面に基づいた社会的自立の問題として捉える必要がある。（3）虐待によるトラウマなどの心理的抑圧要因に対して、自尊感や信頼感の獲得を土台としながら、自らの課題や目標を設定してその実現に取り組もうとすること、すなわち自分自身が主人公になるという意味での精神的自立の問題として捉える必要がある。この三つの自立概念については、筆者が「ふくろうの家」で入居者と共に生活していて、あらためて強く実感しているところである。

食事、睡眠、清潔感など健康的な生活習慣を身に付けていない入居者や、些細なことで敵対的な態度を取りやすく、人間関係の折り合いの付け方が難しい入居者、また自己評価が極端に低く、肝心なときの一歩の踏みだしや踏みとどまりが難しい入居者もいる。

入居者の多くは、複合的な課題を抱えている場合が多く、一年や二年ですべての課題が克服されることは非常に難しい。自活していくためには、一定の生活資金が貯まること、就労が安定し退居後も続けられる見通しが立つことなどが条件だが、望ましい形で次のステップを踏んでいく入居者は意外と少ないのが実態である。

後述するが、自立援助ホームでは、「職員と相談できる関係」が退居条件の大きな要素と考えている。

「えんどうホーム」の遠藤浩氏が自立援助ホームで目指すべき「自立」の定義を次のように表現している。「人生には失敗もあれば躓きもある。人の知恵や力や助けなくして生きていけない。ここでいう「自立」とは、「他を適度に受け入れ、他に適切に依存できる状態、そのような相互依存を適切にできるようになり、自分でやろうとする意欲（主体）をもてたとき」と考える」自立援助ホームの「自立論」を見事に言い表しており、筆者も全く同感であり、現在の立ち位置の原点とも言える。

③ 実態調査から見る入居者の困難性について

使用する調査は、二〇〇五年は厚生労働科学研究費助成、二〇〇八年は朝日新聞厚生文化事業団の助成により全国自立援助ホーム協議会が協力して行った子ども・青年の悉皆調査と、二〇〇九年の福祉医療機構の助成により全国自立援助ホーム協議会が行った全国の自立援助ホームに対する悉皆調査である。ここでは、主に入居直前の同居家族と生活場所（表1）、本人の親がこれまでに経験・直面したこと（表2）、本人が入居前に経験・直面したこと（表3）を参照しながら見ていくこととする。

・入居者が直面してきた困難について

表1を見ると、継父母を含む「親」と暮らしていたのは、二〇〇五年二三・六%、二〇〇八年三二・四%、二〇〇九年三一・六%で、うち実父母との同居は各年とも一〇%以下である。二〇〇九年だけを見ると、児童養護施設、里親、少年院などの社会的養護と少年非行に関わる社会的施設・

表1　入所直前の同居家族と生活場所

	05年調査		08年調査		09年調査	
両親と同居	17	(5.5)	23	(6.2)	32	(8.0)
継父母を含む両親と同居	16	(5.2)	32	(8.6)	24	(6.0)
父親と同居	16	(5.2)	26	(7.1)	30	(7.5)
母親と同居	22	(7.1)	37	(10.0)	39	(9.8)
継父あるいは継母とのみ同居	2	(0.6)	2	(0.5)	1	(0.3)
その他親族と同居	19	(6.1)	14	(3.9)	12	(3.0)
子どものみでの生活	3	(1.0)	4	(1.1)	1	(0.3)
ひとりで生活	22	(7.1)	12	(3.2)	15	(3.8)
友人・知人と同居	29	(9.3)	17	(4.7)	19	(4.8)
児童養護施設	67	(21.6)	80	(21.7)	96	(24.1)
児童自立支援施設	19	(6.1)	17	(4.7)	28	(7.0)
少年院	12	(3.9)	8	(2.2)	7	(1.8)
その他の社会福祉施設・機関で生活	21	(6.8)	30	(8.3)	36	(9.0)
鑑別所	-	(0.0)	19	(5.1)	14	(3.5)
里親	-	(0.0)	6	(1.6)	19	(4.8)
病院	-	(0.0)	2	(0.5)	1	(0.3)
その他	38	(12.3)	20	(5.9)	24	(6.0)
居住無・不定	-	(0.0)	19	(5.2)	14	(3.5)
不明	7	(2.3)	2	(0.5)	0	(0.0)
総数	310	(100.0)	370	(100.0)	399	103.5

制度のなかで暮らしていたのは五〇・二％にのぼる。また「子どものみでの生活」「ひとりで生活」「友人・知人と生活」「居住無・不定」の一二・四％を加えると、同世代の子ども・若者に比較して非常に家族基盤が脆弱であり、安心、安全を保障されてこなかった事実が浮かび上がってくる。

また、表2を見てわかるとおり、入居者の保護者の多くが困難性を抱えていることが見えてくる。二〇〇八年の調査では、

表2　本人の親がこれまでに経験・直面したこと（複数回答）

	(N=310) 05年度調査		(N=370) 08年度調査	
犯罪の被害	2	(0.6)	5	(1.4)
火災・災害等の被害	3	(1.0)	2	(0.5)
事故・怪我	6	(1.9)	11	(3.0)
長期の入院	10	(3.2)	24	(6.5)
長期の疾病・体調の不良	20	(6.4)	50	(13.5)
薬物・アルコール依存	36	(11.6)	33	(8.9)
身体障害	2	(0.6)	10	(2.7)
知的障害	12	(3.9)	15	(4.1)
精神的な疾患・障害	42	(13.5)	77	(20.8)
夫から妻への暴力	33	(10.6)	50	(13.5)
離婚	174	(56.1)	223	(60.3)
拘禁	21	(6.8)	14	(3.8)
長期の失業	19	(6.1)	24	(6.5)
解雇	5	(1.6)	16	(4.3)
多額の借金	30	(9.7)	31	(8.4)
破産	7	(2.3)	3	(0.8)
住む所が決まっていなかったこと	14	(4.5)	10	(2.7)
生活保護の受給	64	(20.6)	73	(19.7)
経済的困窮	99	(31.9)	101	(27.3)
児童養護施設・里親等で生活をしたこと	8	(2.6)	7	(1.9)

離婚を経験している親が六〇%にのぼり、経済的困窮約三〇%、精神的な疾患・障害が約二〇%、その他薬物・アルコール依存、多額の借金など確認できる限りでも多くの困難に直面してきたことがわかる。児童福祉施設に入所する子どもの親にも同じことが言えるが、連鎖を断ち切るという視点からも親支援の必要性を強く感じる。

表3を見ると、養育者からの虐待を受けて

表3　本人が入所前に経験・直面したこと（複数回答）

	(N=310) 05年度調査		(N=370) 08年度調査	
非行・犯罪の被害	62	(20.0)	61	(16.5)
いじめの被害	61	(19.7)	80	(21.6)
養育者からの虐待	146	(47.1)	211	(57.1)
返済に困る借金	24	(7.7)	12	(3.2)
解雇	19	(6.1)	23	(6.2)
仕事や学校など通う場所（所属先）がなかったこと	51	(16.5)	72	(19.5)
住む所が決まっていなかった	83	(26.8)	81	(21.9)
親や保護者の死亡	42	(13.5)	42	(11.4)
親や保護者の行方不明・連絡がつかなくなったこと	58	(18.7)	51	(13.9)
ひとりで、あるいは子どもだけで生活していたこと	24	(7.7)	32	(8.6)
行くところがなくて駅や路上・車中などで寝泊りをしたこと	34	(11.0)	33	(8.9)
学校の長期欠席・不登校	81	(26.1)	85	(23.0)
停学・退学	56	(18.1)	99	(26.8)
複数箇所の施設・里親等での生活体験（措置変更・解除等による）	62	(20.0)	69	(18.7)

きている入居者が二〇〇八年調査では五七・一％であり、表にはないが、二〇〇九年調査によれば、被虐待児が在籍するホームは全体の八六％にのぼる。また被虐待経験のみならず、いじめの被害約二〇％、住む所が決まっていなかった約二六％（二〇〇五年）、仕事や学校などの所属先がなかった約一九％（二〇〇八年）、住所不定や路上での寝泊り、保護者の死亡や行方不明など、同世代の子どもと比較すると非常に過酷な体験が集中している。ま

た、学校の長期欠席や中退・停学なども、大きな社会的不利になるが、二〇〇九年の調査では入所時の学歴が中卒四三・九%、高校中退が三二・八%で合わせて七六・七%の入居者が中卒の学歴という実態がある。本人の問題というより学習環境が保障されなかった状況を考えると入居者を責めることはできない。しかし求人条件はほとんどが高校卒業以上となっており、就職先を探す上においても中卒の学歴自体が大きなハンディキャップとなっている。また入居者の約二〇%は入居前に複数の社会福祉施設・里親での生活を経験しており、また二〇〇九年の調査によると四六%の入居者が児童福祉施設不適応で入居に至っており、ケアの連続性や適切な支援が保障されなかった現実を示している。この他に二〇〇九年の調査によると、何らかの発達障害を抱えている入居者は三〇%前後もおり、本人の特性を理解できないために起こる養育者からの虐待や学校でのいじめは、二次障害を引き起こしていることも多く、支援の困難さを物語っている。このように入居者が直面してきた困難は、もちろん個々によって違いがあるが、重たい「心の傷」を生み出し、非行という表出行動に発展する場合や、また精神的症状となって表出される場合もある。PTSDやうつという診断名がつくこともあり、医療とのかかわりが欠かせない場合も多く、一人で社会生活を送る上で、退居後もさまざまな支援が必要となる。

４ 自立援助ホームが大事にしていること

1 安心できる生活環境を保障するということ

望月彰氏による社会的養護にある子どもの自立の考え方や「実態調査から見る入居者の困難性について」で理解できるように、多くの困難な体験を経てきた入居者にはとにかく心の安心感、生活の安心感を保障することが大事になる。

食事、睡眠、清潔などの人間の基本的な欲求さえも満たされてこなかった入居者には、毎日の生活で快の生活リズムの心地よさを体感できるような環境づくりが欠かせない。また、これまでの大人との関係から人を信用できない、自分で自分を守るしかなかった彼らには、これまでの辛かった状況に思いを馳せ、「ありのままでいい」「ゆっくり休んでいい」というメッセージをできるだけ生活のなかに組み込んでいきたいと考えている。

規則優先の生活環境であってはならないし、入居者たちの否定的な表出行動に職員が一喜一憂するようでは安心感を保障できないであろう。

とりわけ発達障害の診断を受けてきている入居者は、自分の特性を理解してもらえず、虐待的対応を強いられてきた場合が多い。このため、「こだわり」などの個性を生活のなかで保障することが重要となる。私たちは、入居者を評価したりしつけて変えようとする指導者ではあってはならないと考えている。各々の個性を尊重し、つねに肯定的なメッセージを送り続ける応援者の立場でありたいと願っている。

2 失敗経験を保障し主体性を尊重するということ

児童福祉施設では、集団で生活するため、人との折り合いの付け方を学び、作業や役割当番などさまざまな経験を積むなかで、自信をつけていくことも事実である。

しかし、施設生活のなかで、体力的にも学力的にもめざましい成長を見せた子どもが必ずしも社会で適応できるとは限らない現実がある。施設では、規則を守らせようとする指導的関わりになりやすい特徴があるように思う。しかし、失敗から学ぶ経験が少ないと、困難場面を乗り越える力につながらないのではないだろうか。ただし、失敗から学ぶとはいえ、守られている・支えられている安心感があることが前提の話である。

被虐待経験者の多くは、認められる経験が少ないため、自己評価が低く、自信を持てないでいる。このため、簡単に失敗をできないという頑なさを持っている場合が多い。「失敗しても良いんだよ」と気やすく言うことは、さらなる自尊心を傷つける危険性があり、配慮が必要である。

自立援助ホームでは、働くことを通して、社会人としての責任を学ぶことになる。実社会では、さまざまな困難場面に遭遇し、自分で判断して行動し、その結果を引き受ける訓練の場になっている。仕事でミスをしたり、無断で休んだり、決まりを守らなかったり、今までだったら逃げ出していたようなときも、社会人としてどう判断し行動するのが適切なのか学んでいく。こちらがアドバイスのつもりでも、「あのときホーム長が言ったから……」と、人のせいにする入居者もいる。自立援助ホームには、自分で行動を起こすことを待つ辛抱強さが求められる。責任を引き受ける自覚が芽生えてくることをしっかり待つことが重要となる。先輩の元ホーム長は、「何もしないのが一番なんだよ」と、経験から裏打ちされた話をよくされるが、待つこと、主体性を保障することは、自立援助ホームの理念のひとつである。

3　よく聴くということ

自立援助ホームに辿り着く利用者の多くは、実は本音を語りたいと思っている。言うに言えない大人や社会に対する怒りや不満感情を吐き出したいのである。

被虐待経験者のなかには、ＰＴＳＤやトラウマ的症状、フラッシュバック、意識障害などのさまざまな症状を表出させるものもいる。蓋をしてきた過去の辛い経験をいつも表出させることがよいわけではないが、「聴いてもらいたい、整理したい」という思いがあるのは事実であろう。入居間もない頃から、過去のことを語る入居者もいるが、安心感を抱き始める頃から少しずつ語り出すことが多い。皆が入室してからさりげなくスタッフのところに来て、思いの丈を語り出す場合もある。自傷行為の後に手当をしてもらっているとき、スタッフが「どうしたの、そんなにつらいことがあるの？」と語りかけると、泣きながら話す場合もある。

仕事から帰宅して、職場の不満、上司の悪口を一気に怒りをぶちまけることもある。

あるとき、デパ地下の八百屋に勤めていたアスペルガー症候群の疑いのあるTが、「まったくわからない中国語ばっかりでずっと話しかけられたらどう思います？　それが僕の今の心境ですよ」と話したことがある。地下での閉塞感、騒々しさ、お客さんに自分の知らないことを聞かれる不安など、自分のつらさを表現した名言であろう。翌日、Tの就労の継続を考え、店長とかけ合い、八時間のシフトを六時間に換えてもらうことにした。Tは、二カ月後に八百屋の仕事を辞めることになったが、自分の今の思いを伝えることで変わるという現実を知ったことは大きい。このようにして、自分の思いを話して良いんだという雰囲気、環境づくりを目指しているのが自立援助ホームである。

4　「ごめん」「お願い」が大事だということ

自立援助ホームでは、朝入居者が出勤するとき、玄関まで行って、「行ってらっしゃい」と言い、帰宅したときは「お帰り、お疲れさん」と、声を掛けて迎え入れる。これは当たり前のことだが、そのときの表情や声の出し方に心がこもっていることが重要であり、入居者が義務的と感じるのか、大切にされていると感じるのかは大きな違いである。

また、入居者のちょっとした変化や良いところに気付いたとき、きちんと声がけできる職員であることも求められる。自分のことをいつも見てくれている、見守ってくれていると感じられるよう、入居者への細やかな配慮ができる職員でありたいと考えているのが自立援助ホームである。さらに大切なことは、職員が入居者に「謝る」という行為ができるかどうかである。筆者が児童自立支援施設に勤務していたとき、先生として子どもに弱みを見せられないといった権威意識があって、自分が失敗したり約束を守れなかったときなど、子どもに謝ることがなかなかできなかったという反省がある。現在は「ごめん」と言えるし、言うように心がけている。また大変なときに「お願い！」とか「手伝って！」と言えることが意外と重要である。こちらがそれを言うことで、入居者のほうから、「ホーム長、ちょっと頼みがあるんだけど……」と、言いやすくなるものである。

日頃なかなか言葉で自分の思いを伝えられない自閉傾向の強い入居者が、なかなか寝つけないため、ホーム長の腕をつかんだまま離さず、明け方まで付き合わされることになった。朝、いつものように出勤するとき、突然、小さな声で「昨日はごめん！」と言ったのである。驚くと同時に「距離が縮まったかな？」という嬉しさが込み上げてきた。毎日の生活の営みのなかで、「できなくってごめんな」「ちょっと頼む、助けてくれよ」ということをお互いに言葉で伝え合うことが本当に大切であることを実感している。

5 退居後も支援が続くということ

二〇〇九年の実態調査のなかで「退居者支援回数」を調査したが、電話、手紙、住居訪問や職場訪問等の支援回数が、回答した四〇ホーム中二〇ホームが五一回以上となっている。そのうち一六ホームが一〇〇回以上の支援回数であり、九ホームは二〇〇回以上になっている。また退居者支援年齢は、一七歳～二〇歳までが五七・八％は予想されるが、二三歳以上の支援が二三・七％にのぼる。まさに自立援助ホームの真骨頂と言える実践の姿が浮かび上がってくる。このことは、入居者の抱えている重たい課題を考えると至極当然の結果でもあろう。同じく二〇〇九年のホームの退居理由の調査でも「自活できる見通しがついたから」は、三〇・二％にすぎない。望ましい形の退居の割合が少ないことからも退居後の支援の必要性が出てくる。職場の人間関係、転職について、お金に関すること、メンタルに関すること、恋愛について、犯罪に関することなど支援内容は多岐にわたっている。

ホームを利用しているときも退居後においても困難状況は続くのである。失敗や躓きがあって当然だが、そのときに一人で抱えないこと、必ず誰かに繋げることが大事であると言い続けているのが自立援助ホームである。いつでも相談に乗るし、情報を提供し支援機関に繋げてやることも重要な役割と考えている。決してホームが敷居の高い存在になってはならない。「鳥取子ども学園」の藤野興一施設長（藤野 2008）が、生活資金が貯まることや就労が続いていることが退居の条件ではない、入居者と職員が相談できる関係ができた時点で、少し無理かもしれないと思ってもアパートなどに自立させることにしている、失敗して帰って来る子もいていいと思っていると、自立援助ホームが大事にしている理念を明快に述べている。

5 生活を支えるということ

筆者は、自立援助ホームにかかわるなかで、人は語り合うこと、愚痴を含めた自分の思いを誰かに伝えることがいかに重要なことかを強く実感している。一年以上前に退居したアスペルガー症候群のMは、入居当初、表情が平面的で時に険しくなることもあったが、半年を過ぎる頃から表情が柔和になり、笑顔を見せることも多くなっていった。

下宿に移った退居後もしばらくは穏やかさを見せていたが、退居半年後から表情がなくなった。しゃべれる相手がいなくなり自室に閉じこもりがちになっていったからである。現在も支援を続けているが、しゃべれる、直接顔を合わせながらやりとりができる環境が、人が本来持っている優しい感情を引き出し元気にさせる力を持っていることをMが証明している。なかでも、食事がもっとも大事な機会となる。入居者はみんな働く時間が違うため、出かける時間も帰る時間も違う。しかし、どんなに忙しくても食事は温かいものは温かいうちに出す。温かいご飯と味噌汁、温かいものが温かいというだけで美味しく感じるものであり、自分が大切にされていることを実感できるように思う。食事を作っているときには、ホームのなかに匂いが立ちこめ、台所の音がする。そこへ帰ってきた入居者が、真っ先に台所へ行って、「今日は何？」と聞く。時に食事の支度を手伝いながら今日の仕事の愚痴を語る。そして食事を囲む。みんなでわいわいがやがや言いながら食卓を囲む。そのやりとりが癒しになっているのではないだろうか。もちろん、入居者の状況によっては、夕食が意味のある沈黙になることもある。

住環境も大切である。例えばドアがガタガタせずにきちんと閉まること、トイレや洗面所には清潔なタオルがいつも掛けられていること、トイレやリビングなどの部屋には、花や絵が飾られて、時に音楽が流れていると心地よく、穏やかな気持ちになることも多い。入居者の部屋は、もちろん個室である。プライベートな空間が保障されていること、しかしその部屋は、リビングの話し声やテレビなどの音が聞こえる位置にある。時には騒々しく感じるときもあると思うが、一人ではないという安心感を与える。

衣に関しては、自分で稼いだお金で、気にいったものを購入し、おしゃれを楽しむようになること、清潔感や季節感を意識できるようになること、職員が少しアドバイスをすることで自信を持つことがある。着こなし方で心の状態までわかるから不思議である。身だしなみの大切さに気が付くようになると定着に繋がる。生活を支えるということは、「衣食住」全般にわたって居心地の良い環境を保障し、自尊心を育むことである。

しかし、生活を共にすると、どうしても常識目線が邪魔してしまうことが多い。「ありのままで良いんだよ」という出発点を忘れてしまうのである。メンタル的症状や表出行動に一喜一憂してしまい、いつの間にか上手くいかない自分にイライラ感を強め、職員であるという自己保身に走ろうとする。時に職員間の不協和音に発展することもある。

そうなると、重篤な被虐待経験者や発達障害という特性を理解してもらえず苦労してきた入居者にすぐ見抜かれてしまい、信頼関係どころではなくなる。職員や大人のプライドという鎧を脱いでいかなければ生活を共にする援助者にはなれないのではないだろうか。対人関係調整力などの社会性や生活していけるだけのスキル力を育むことは確かに大事だが、何気ない生活の一コマを丁寧に細やかさを大切にし、語れる心地良い環境を保障することのほうが遥かに大事であることを忘れてはならない。その上で主体的に生きようとする力が育つことを信じ、さりげない応援メッセージを送り続けるしかないような気がする。また、自分たちができることには限りがあることを謙虚に知り、より多くの関係機関との連携を具体的なものにし、退居者を支える複数の糸が張り巡らされるようにしていきたいと考えている。

†文献

藤野興一 2008「「こころの基地」としての自立援助ホーム――「鳥取フレンド」の歩み」『こころの科学』137；43-48

望月 彰 2004『自立支援の児童擁護論——施設でくらす子どもの生活と権利』ミネルヴァ書房
高橋一正 2011「虐待を受けてきた入居者への自立援助ホームでの支援について」『臨床心理学』11-5；665-667
全国自立援助ホーム協議会 2010「二〇〇九年度全国自立援助ホーム実態調査報告書」

第7章

「生活を考える」から「生活が支える」へ

田中康雄

1 はじめに

厚生労働省のホームページでは、「社会的養護の課題」は、その役割や機能の変化にハード・ソフト面の変革が遅れていることと指摘している。なかでも児童自立支援施設の課題については、虐待を受けた経験をもつ子どもが六六%、発達障害・行為障害などの障害をもつ子どもが三五%であり、特別なケアが必要なケースが増加している点を重視し、職員の専門性の機能強化と手厚い人員配置という質量の向上を掲げている。そのうえで、非行相談から地域の子どもの援助や子どもの立ち直りのアフターケア機能までの「自立支援機能の充実」がさらなる課題とした。これは、野本(2005)による児童自立支援施設三五施設の調査結果とも重なる(表1)。

ところで、ここで筆者が求めたいのは、特別なケアが必要なケースが増加しているという現状認

表1　入所中の児童が抱えている問題（野本（2005）を一部改変）

問題	度数	%	主たる課題
ネグレクト被虐待児の増加	18	51	虐待・ネグレクト
身体的被虐待児の増加	13	37	
心理的被虐待児の増加	12	34	
性的被虐待児の増加	7	20	
人間関係がとりにくい	23	66	発達障害とその周辺
ADHD・LDの増加	22	63	
衝撃的傾向の増加	20	57	
無気力なタイプの増加	13	37	
精神疾患が疑われる	12	34	

識である。そして、そこにどのような専門性が必要なのだろうかを問わなければならない。

厚生労働省は、職員への養成研修と、心理療法担当職員の複数配置などを提案しているが、果たしてそれが解決の道筋となり得るのだろうか。本書冒頭の「はじめに」で筆者が述べたように、筆者が実際に児童自立支援施設へ何度も足を運び学んだことは、職員の「悩み呻吟しながらの子どもたちとの信頼関係作り」であり、そこには、互いに育ち合うための時間と苦労が求められる。

筆者は、強く要請される専門性のまえに、日々向き合う生活者である職員の「素人の相談者」たる姿勢を改めて問い直したい。

２　ヒーリーの「少年非行」と樋口の見解

W・ヒーリーは、一九〇九年シカゴに私立の少年鑑別所

表2　非行の有無における生育歴の特性（Heary & Bronner, 1936）

	非行少年	対照者
妊娠中の多くの心労	10	3
大変虚弱な妊娠期間	13	6
気むずかしい乳児期	14	5
困難な排便の躾け	31	13
幼児期の著しい体重低下	12	5
多病または重い疾病	28	8
重症の頭部損傷	5	0

（文章を表に改変）

を設立した精神科医であるが、彼の一九三六年の著書が一九五六年、みすず書房から樋口幸吉により翻訳出版された。その著『少年非行』は一四五人の非行のない少年を対照群とし、一五三人の非行少年について詳細な検討を行ったものである。

多くの示唆を含む著書であるが、たとえばヒーリーはその著で生育歴の比較を行っている。それによると「対照群の七四に対して非行少年には一七〇の発育上の偏奇がみられた」とし、なかでも五割以上の差異を示した無視できない項目として表2のようなデータを提示した。

ここでヒーリーは「非行少年の方に、健康で正常な発達の妨害を蒙っている者の多いことが直ちに看取できる」としつつも「健康状態と行動特性の間の関係は、その決定が決して容易ではない」と安易な因果関係的理解に強く警鐘を鳴らした。

さらにヒーリーは、統計的に示すことは不可能としつつも、「何故非行者は非行への衝動を抑止するに足る強い禁止の力を、早かれ遅かれ自分の中に認めなかった」のかと自問し、「そこには満足な社会的行動の範型を示してくれる者に対する、強い感情的結び付きがなかった」と、非行少年における、いわゆるアタッチメントの成立の困難性に言及している。

さらに樋口（1965）は、非行がなぜ起こるかという問いかけは、「その生い立ちから非行にいたる足どりを追い求める」ことに相当するとし、「みんなが違った事情、つまり歴史」に愛情のこもった目を向けることを強調した。さらに問題の根源は「家庭のなかにある」としながらも、いわゆる問題の目立つ家族ばかりではないことから、孤立化し崩壊する「家庭そのものの不適応」の増加という現象にその責を問う。そして孤立化し無力化した家庭を支える社会福祉教育機能の無力さを指摘する。

半世紀以上も昔の見解が、今も色あせない点に複雑な思いを筆者は抱く。その一方で、昨今の、発達障害や虐待、アタッチメント障害という説明概念は、果たして「その生い立ちから非行にいたる足どりを追い求める」ことと重なるのだろうか、いやそれ以上の検索に至っているだろうかと、己の臨床も振り返り、内心忸怩たる思いを抱く。

課題に目を奪われ、その課題に特定の名状がなされたとき、われわれは理解が深まる場合と、それ以上の探索思考を停止させる場合がある。筆者は、昨今の発達障害やアタッチメント障害の増加が、そのいずれにも傾きやすい性質をもっていることを危惧する。

「いずれにしても私にはだんだんとわかってきた。治療に専念している医者たちから得るものはほとんどない」（堀 1995）。これは、自由主義教育を実践し追求するサマーヒル学園を興したA・S・ニイルの言葉である。ニイルは「幼い子どもを見れば、悪い意志などまったく持っていないことがはっきりわかる」と述べ、「困った子というのは、実は不幸な子である」と述べている（ニイル 1995）。

ルソーの考えと重なる印象を示すニイルの言葉が、筆者には非常に衝撃的であった。同時に児童自立支援施設を訪れるなかで、彼らは確かに周囲を困らせている子どもであろうが、困っている子どもであるという思いを強くしながらも、なにがどうして不幸な子どもと考えるべきか思いあぐねていた。

児童自立支援施設の職員から、「こうした子どもにどう関われば良いのか」という悲鳴や諦念に近い言葉を聞きながらも、その実、多くの職員は、実際の生活支援を、ひじょうに見事に行っておリ、その職員の根気強さに、施設を訪れるたびに筆者は、いつも頭を下げてきた。

３ ニイルと石原登

本当に「医者たちから得るものはほとんどない」のだろうが、ではなにが必要なのだろうか。規律教育から情性教育へと転換を計った石原登は、教護院・きぬ川学院院長時代に、岸野（1965）

の書に「情緒の栄養失調におちいっている彼女たちに、道徳教育は必要ない。きぬ川学院全体を、情緒のたべもので、いっぱいの世界にするため、われわれみんなが、シャベルでカマドに石炭をほおりこんでいるのです」という語りで登場している。

筆者には、この石原の思想とニイルの思いが重なっているようにみえる。山口（2010）は「教護院の教護の根幹は、未発達の情性に火をつけることだと思っている。それは教えるとか、指導するとかのいわゆる教育方法や、今流行の心理療法そのものが即教護ではないということ」と石原の言の一節を引き、「心の接触なくして教護はあり得ないので、心と心が触れ合うことが、基底であり、出発点であり、八割で、それ以外のあらゆる技術は、場や機縁の提供その他の補助手段にすぎない」という石原の言を中核思想として抽出した。ゆえに石原が養成しようとした人材は「知識や技術にたけた硬直した専門職員ではなく、情性豊かで人間味のある職員」であったと山口は記す。これは、教護院運営要領に「教護院の職員、家族、収容されている児童および物的環境、設備等が醸し出す雰囲気や栄養が刺激となって児童の情性を育てる。情性が養育されると、児童の非行の大部分は解消する」と記された（全国教護院協議会 1985）。

この理念はさらに、精神医学の知見を導入した青木延春（第三代国立武蔵野学院院長、医官）によって以下のように補強される（全国教護院協議会 1985）。

すなわち「反社会的性格の人格構造を変え、社会適応性を獲得させるために絶対不可欠な要素として感情転移と同一化が教護技術の基本である。［…］自我を強化し、さらに同一化を通じて児童の超自我を強化させようとする事が、治療教育の仕事」とし、教護を積極的な感情転移の設定と同一化を通じて超自我を変化させることと規定した。さらにそこに「児童と共にある精神（with の精神）」を、絶対不可欠な要件とした。本書冒頭の「はじめに」にも記したように、この言葉には、共にあるという with ではなく、変わるのは子どもで、そこに対峙する職員という、対決的向き合いのうえでの with というように、どうしてもイメージされてしまう。そこには、青木の出自が医師であることと無関係ではないように思われる。

一方で、石原の情性の教育の基本は、山口（2010）によれば「共感性」にあったという。それは共に喜び、共に泣くという仲間感覚であり、人間感情であるという。ゆえに石原は「不良少年を治してやろう、指導してやろうなどという天下り的な考えは持つな。不良を好きになって、仲間になれ」と説いたという（山口 2010）。

おそらく、この共感性が with の精神なのだろう。しかし、そのうえで、筆者は石原の主張に十二分に同意する反面、そこにある危惧を消し去ることができない。

それはニイルも石原も、結局は場の構築や、教育あるいは支援哲学や実践だけでなく、まさに情性豊かな人間味という個のありようで勝負しているのではないだろうか、という感覚である。これは伝承されるものではないだろうし、一歩間違うと支援が支配にもなりかねない。同時にそれは、実は日常の家族のなかでの子育てと、まったくもって重なり合うものである、という思いである。

それは、本書冒頭の「はじめに」でも強調した「赤ん坊が成長して社会人になるためには、その自己主張をある程度まで抑圧するように教育されねばならぬ。吾人の道徳教育の大部分はこの抑圧教育である。圧迫教育である。環境もまたこの意味において影響する。かくてわれわれはわれわれの養育者から、環境から、絶えず自我抑圧を教えられるのであるが、ここに最も大切なことは、この自我抑圧ということは、自分がその必要な理由をある程度まで理解しての自我抑圧でなければならぬ。理解なき自我抑圧は卑屈となる」という下田（1929）の言に連なる。つまり、赤ん坊が成長して社会人になるためには、自分がその必要な理由をある程度まで理解しての自我抑圧であらねばならぬ、ということである。では、その自己理解はどこから生まれるか。それが with の精神であり、基本的信頼感であり、共感性なのである。

当然のことであるが、その当然性が生じにくく育ちにくいのが、ここ「社会的養護」の課題なのではないだろうか。

筆者がその昔関わっていた施設では、子どもたちの暴力の世代間伝達が存在していた。暴力をふるった少年に「弱い者に暴力をふるうことは、いけないことだ」と伝えたとたん「えっ、だって僕は去年まで殴られ続けていたんだ。今度は殴る番になっただけだよ」と言われて、その現実に呆然としたことを思い出す。ここには、自我抑圧の必然性は生まれていない。

この点についてB・ベッテルハイムは一九七九年にニイルのサマーヒルについての論文で触れている（Bettelheim, 1979）。

彼は、ニイルのサマーヒルの実践を確かに評価しつつ、その成果を「それが子どもたちを育てるのに適した場に置かれたからではなく、それが彼の人柄の延長にすぎなかったから」と看破した。さらにサマーヒルを訪れる「子供たちは、そこに着いた瞬間から、ニールによって包まれてしまった――つまり、彼が守ろうとしたもの、彼が命を捧げていたものによって」と記し、子どもたちは、ニイルと「同一化するようになった」と述べている。これは先の教護技術の基本とも重なる。しかし、そうなると「成功したのは、彼と同一化することのできた子供たちだけ」というベッテルハイムの指摘にさらされる。しかしそれでもニイルが大きく成功したのは「彼が、子供たちの周りにいた人のなかで、一番素晴らしい人であったから」であるという。だから「もっと小さな器の人にニールのナイーヴな哲学を応用させたとすれば、混乱が生じる」と予言している（Bettelheim, 1979）。

これは、人が人とともに育ち合うなかで、絶対に忘れてはいけない重要な指摘であり、本論の趣旨である「素人の相談者」たる姿勢についての問いかけに大きな示唆を与えるものとなる。

４ 「共に」から「むすび」へ

青木延春の理念としてのwithの精神は、『手におえない子供』の著者であるA・アイヒホルンの精神分析理論とL・カナーの児童精神医学の視点から、「共に」のありようが形成されている。筆者が前述したように、「変わるのは子ども」という感触を得たのは、医療としての治療的モデルがそこに絡むように思えたからかもしれない。しかし、『教護院運営ハンドブック』に詳細に説明されているwithの精神は、「常に児童の側に立ち、児童とともに歩んでいかねばならないという」職員の姿に結実している。それは同行二人の姿という「共に」歩むこと、「共に」生きること、であり、そのためには職員もまた「衣を脱いで、赤裸々に自分を語り、現在の生きざまを、ありのままに彼に示すこと」であると強調している。ここまでくると、医療的対応から生活を共にする生身の姿が浮き彫りになる。

同行二人の姿という状況に至り、ようやく「共に」が生きてくる。ここでは生活の視点にたった「共に」の重要性が示されているが、発達心理の分野であっても、たとえば宇田川（2007）は、自閉傾向のある子どもとの保育体験から、自閉症を、「共に」ということに向けたヒトの発達の方向性につまずいた世界を抱えている状態と捉え、自閉症の世界をもつ子どもの世界に気づき、その世界を楽しむことで相互模倣に至る、いわば「共に」を軸にした育ち合いのありようを記している。そこには職員の赤裸々な自己投入が求められている。

精神医学の分野においても、たとえば、木村（2004）は、自閉症の子は、根源的共同性がうまく捉えられていないことで、自己がうまく作れていないと述べている。さらに、根源的共同性が前提になって、個別の自己が可能になるとも述べている。筆者の言葉で置き換えると、私にとっての自己は、主たる養育者を特別の存在と認め、その人とのやりとりから得た共同の経験を通して、徐々に自他の区別をつけていくことで、形成していくものである。他者が存在することを安心感をもって認識することで、自己が浮上してくると思われる。すると、自閉症のある子は、「私」が成立しにくい状況に置かれていると想定すると（これは、「共に」ということに向けたヒトの発達の方向性につまずいた世界を抱えている状態と同じ意味をなすだろう）、しかし、それでも他者が侵襲的に登場してくる世界は脅威でしかない。これは、立ち向かう「私」が形成されない子どもにとって、いいようのない恐怖体験に近いものであろう。

すると、宇田川が述べた、相互模倣に至る、「共に」を軸にした育ち合いのありようとは、これも木村（2004）が述べた、相手のアクチュアリティへの接近こそが治療の基本であるという主張と軌を一にしているといえよう。

しかし、これが「ある問題を治していく」という治療ではなく、これからいかにして生きていくかという果てない課題に向けての歩みであるために、「共に」を軸にした育ち合いは、子どもと職員はそれぞれが一人、という個と孤の現実に直面せざるを得なくなる。

同行二人は決して融合した一人にはならないのである。ある寮母は、己の赤裸々な人生と対峙する子どもの人生との違いに「自分に置き換えてみるととても考えられない」と痛感し、少しずつ思いを重ねながらも、子どもから「どれほど辛いか、大変かなんてわからないでしょ」と問い詰められたとき、わからないと言うこともわかると言うことも安易にできない自分に立ち往生した思いを述べてくれた。ここにあるのは、同行二人でありながらもそれぞれが一人であって孤（個）の存在であるということへの、改めての認識にほかならない。

児童養護施設の調査を行った大塚（2009）によれば「他者化された意識を生きることは、より豊かな他者関係を営めるようになることだけではなく、誰にとっても自分は多くの子どものなかの一人にすぎず、特別な存在ではないかもしれない、という他者関係における新たな哀しみや辛さを蒙ることでもある」。したがって、他者化されたゆえに、家族のいない自分に向き合わざるを得なくなるという。

つまり、それまで意識していなかった孤から「共に」という経験を得て、改めて個を知ることになる、ということになる。

しかし、同時に子どもたちだけでなく、向き合う職員も「わからないと言うこともわかると言うことも安易にできない自分に立ち往生した思い」という言葉が示すように、個と孤を体験する。ここには、職員の心に生じる、他者関係において決して届くことのない哀しみや辛さでもあろう。この痛み分けのなかで生まれる「この私はあなたではない、そしてあなたは私ではない」ということが前提になり、自他の概念が生まれる。そうすると、先の寮母の言葉は、自他の区別がその子どもとの間に生まれたことを意味している。まさに自他の誕生と呼んでもよいかもしれない。

つまり「共に」という世界の立ち上げは、二者が重なり、同一化するだけでなく、それぞれの差異を際立たせ、個と孤を明確に浮上させることで、自他の共在体を形成させることであろう。

すると、次に求められるのが、この自他をどのように結びつけるかである。すなわち、これまで結ばれなかった同行二人が、重なりを求め、結果、自他の区別を明らかにしたうえで決して完璧に重ならず交わらずに、ただ結ばれた同行二人となっていく。

ここで、本来のヒトの成長過程を俯瞰しておく必要がある。

本来、たった一人で生まれた子ども（意識なき孤）は、自他の区別のつかない世界、しかし、最初からすでにあった自他の共在としての共同体のなかで育ち、徐々に他である主たる養育者を判別するようになる。そのときに子どもは、おそらく漠然とした個を意識するようになり、絶対の安心と安全を付与されて、あらためて自他の共在としてのコミューンを体現する（自らは創造したと意識しているかもしれないが）。

そして、歩き始めるという身体機能を獲得すると同時に、子どもは果敢にも主たる養育者から離れようと試みる。この瞬間、個はそれまで意識していなかった孤を自覚し、同時に、「共に」を自覚する。そして再度自他の共存のなかで結ばれることを求めて、主たる養育者のもとへと立ち戻る。つまり「孤」を自覚すると同時に、「共に」が生まれる。あるいは「孤」を自覚することなく、「共に」は自覚され得ない。「共に」という保証を同時発行しての孤の実感は、大きな精神的危機から子どもの育ちを守る働きをもっていると言えよう。

すると、従来言われてきた「with の精神」が成立するには、「共に」だけでなく、個と孤が自覚される必要がある。児童自立支援施設は、まさにあらためて個（孤）に直面するが、その個が集まっているということで孤から脱却できる。つまり富田（本書第３章）が述べた同質の小集団を足がかりに、子どもたちは孤を脱却する。その後に個として職員と結ばれていく。施設で獲得していくのは、ヒト本来の発達過程ではない。孤がそぎ落とされ、個になったことで、はじめて「共に」の生活が作りだされる。

生活の重要性を述べる前に、この自他をむすぶ重要性について、指摘しておく。

古東（2011）によると、「結び」とは、連結の意味だけでなく、ウム（生む・産む・熟む）と同義語であり、「茫漠としたなにかが、じわーっと徐々に現れ出てきて、新しい生命体が生まれるさま」をいう。さらにムスを可能とするビは霊力などの神的パワーを由来としているという。ゆえに古東は、結びとは、ばらばらなものをとりまとめながら、生命の息吹きを注ぎ込むものであると述べている。

改めて、児童自立支援施設をはじめとする社会的養護には、ばらばらなものをとりまとめながら、生命の息吹きを注ぎ込むという「むすび」が求められているといえよう。

5 「生活を考える」から「生活が支える」へ

ばらばらなものをとりまとめながら、生命の息吹きを注ぎ込むという「むすび」の重要性は、しかし、「共に」という保証が同時発行されずに個だけで存在しているかのような子どもたちにとって、即時的効果はない。

社会的養護の子どもたちは、大塚（2009）が指摘したように、喜びと哀しみが浮上する他者化した意識に当初気づかずにいる。

その状態に対して「生活を豊かにしていく」という指摘は当然妥当である。施設生活における自立支援の基本的な構造は、生活のなかの保護、生活のなかの教育、生活のなかの治療を三つの柱にしている。その環境を提供するために必要なものが枠組みであり、衣食住の保証であり、全体の雰囲気作りと信頼関係の確立である。

すでに村瀬（2006）は、こうした子どもたちへの対応として「日々の何気ない営みにセラピューティックなセンスがさりげなく込められた、日々の二四時間の生活を質の良いものにすることとの大切さ」を強く訴え、その意味でこの実践を生活臨床と表現している。そのうえで内外でも同じような点を重視している研究者をあげ、その一人にベッテルハイムを置いた。筆者も村瀬の主張にまったく異論がない。むしろ、昨今の社会的養護にいる子どもたちの医学的評価への関心の偏りに一定程度の賛意を抱くとともに、であればこそ、より生活の質についての議論を重ねてほしいと願っている。

筆者が関与している、ある児童養護施設では、冬のプレゼントになにがほしいかと子どもたちに尋ねたところ、日々使用するスリッパを、たとえばムートンのような温かいスリッパを希望した。なにもムートンじゃなくても、フェルト生地でもキルティングでもよいが、廉価版のスリッパと比べると三倍以上の値段になる。当然その冬にサンタが持参することはできなかった。

もちろん、経済的豊かさが生活の質と比例するとは短絡的に言うつもりもない。ただ、老朽化した建物で、いくら子どもたちであっても、寒さが身にしみるのである。もちろん、それ以前の居住スペース自体が、たいへん厳しい状況であることも、また事実なのであるが。

生活を考えるときには、施設の生活だけでなく、子どもたちのこれまでの生活を考える必要もある。

たとえばベッテルハイム（Bettelheim, 1950）は、五歳前から男性に近づき性的挑発を示す六歳の女児について述べている。彼女が男女の人形が激しく互いに飛び乗る遊びを示したとき、サディスティックな解釈とか、原光景の繰り返しという分析とか、両親の関わりのなかの異常な部分の再現ではなく、「両親というものの関係について、彼女の知っていること全て、つまりこれだけしか知らないということを表していた」と理解する。それは、彼女は母親のために男性を惹きつけ、母親の性行為を垣間見ていたという、「その生い立ちから非行にいたる足どり」に対する理解に他ならない。そのうえで行うべき対応は「正常な人間関係について、かなり長期間学習」することであった。

一九三九年にアメリカに亡命したベッテルハイムが営む治療学校は、シカゴ大学によって提供された、情緒障害児の生活ぐるみの治療教育実践の場であった。

ベッテルハイムについては、さまざまな評価があり、その真偽を問うことは筆者には不可能であるが、前述のように、彼が子どもの回復のために、新たな自他の「むすび」を通した作業が必要だとしていることと、日々の生活の大切さを説いていたことは重視したい。

彼は大人とのよりよい関係性が、子どもにとっての大切な同一化の対象となる核を形成すると述べるが、「混沌状態に秩序をもたらすには、まず秩序ある世界での生活経験が先立っていなければならない」と主張する。さらに「生活環境を子供にとってよりよいものにしていこうという願いをこめて」という職員の態度を重視する（Bettelheim, 1950）。

ベッテルハイムの著書には、生活を考え、生活を支えることの重要性が説かれている。村瀬も生活を支えることが適応力を増し、心理的援助になると説く。これは支援の視点である。われわれは、個々の課題に目を向けるだけでなく、その人たちの生活を大切に扱うことが求められる。ということは、施設における生活のありようをつねに振り返り検討し続けることが求められよう。

ある児童自立支援施設の寮母は、関わった子どもが退院し、伴侶を得て生活を始めたことを知り、不安と喜びを持ちながら、不意に来るその子からの連絡に一喜一憂していたという。就職、仕事の失敗、泣き言や不平、愚痴、結婚の相談、まさにわかちあった同行二人のエピソードである。あるとき、その子に子どもが生まれるが、ミルクをなかなか飲んでくれないという連絡が寮母に入った。寮母はいそいでその子と赤ちゃんを自宅に呼び、いつものミルクの作り方を聞いて驚いた。その子は、粉ミルクを水で溶いていたのだ。暖めて溶かし、人肌になるまで待ち与えるようにと助言したのに対して、その子が「ひとはだってなに？」と尋ねたとき、寮母は、その子に頭を下げたという。「そのときまで、私はこの子との生活のなかで人肌を教えてあげていなかったことに気がついた。それが情けなく、そして申し訳なく」と寮母は悔やんだ。

しかし、筆者は、こうして互いに尋ね、教え合うことが「むすび」であろうと、うれしく、そしてうらやましくも思った。

生活を支えるということは、このように、おそらく永久にゴールのないものである。

さらに筆者は「生活が支える」ということを考えてみた。ふと振り返ると、日々の生活によって、筆者もまた充実感や挫折感を味わい、苦慮と喜びを生活から享受している。そのほとんどが辛くたいへんな道である。日々の生活は、徳川家康の「人生とは、重き荷を背負いて、遠き坂道を行くが如し」という言葉にあるように、苦労の連続である。しかし、だからこそ、明日を信じて坂道を休み休みでも登ろうとするのだろう。これは生活によって支えられている姿である。

支援者側からは、相手の生活を支えることの重要性が語られる。しかし同時に、日々を生きる者は己の生活によってまた支えられているのではないだろうか。

社会的養護にいる子どもたちに、それ相応の力のある「生活」を手に入れてほしいと筆者は願う。

ベッテルハイムの著書（Bettelheim, 1955）に、彼の学校を卒業した生徒に「何が援助してきたか」を尋ねたところ「非常にたくさんの小さな出来事の積み重ねということでしょうね」と応え、それに対してベッテルハイムが「一夜のうちに変わってしまうことなんて何もないよね」と応えるエピソードがある。

筆者が環境の力を知った一節である。

6 おわりに——生活の連続性

児童自立支援施設や児童養護施設、自立援助ホームに入らせていただき、職員や子どもたちと出会い、筆者は多くのことを学んだが、相応のことをお返ししていないという思いが強い。それには、筆者にとって、そこでの生活を共有していないという点が大きい。もちろん、それは必要十分条件ではないだろうが、筆者にとっては、忸怩たる思いである。

かつてある施設で暮らす少女が家に帰りたいと言ったとき、「帰る家はない」という避けがたい事実を、その施設長は口頭でなく、彼女の居場所ではなくなった家へ一緒に出向き、その事実を共有してきたという。生活が支える力を発揮するということには、だれがその生活を作り出すかが大きく作用することを実感したエピソードである。生活が支える力とは、生活に留まり、生活と対峙し、生活から護られ認められることの大切さを、日々実感しているなかで生まれてくると信じる。

これまで生きてきた子どもたちの連続性を、新しい連続性ある生活に置き換えていくためには、ベッテルハイムが主張したように、長い時間を要するが、長い時間をかけさえすれば、新しい連続性ある生活が手に入るわけではないことに注意すべきである。

それでも人の育ちには十分な、そして終わりなき刻が求められる。子どもたちにも、職員にも、そして己自身にも「焦らず、明日を信じ続けよう」という言葉を贈りたい。

†文献

Bettelheim, B., 1950, Love Is Not Enough : The Treatment of Emotionally Disturbed Children. New York : The Free Press.（村瀬孝雄・村瀬嘉代子（訳）1968『愛はすべてではない——情緒障害児の治療と教育』誠信書房）

Bettelheim, B., 1955, Truants from Life : The Rehabilitation of Emotionally Disturbed Children. New York : The Free Press.（中野善達（編訳）1989『情緒的な死と再生——情緒障害児のリハビリテーション』福村出版）

Bettelheim, B., 1979, Surviving and Other Essays. New York : Knopf.（高尾利数（訳）1992「サマーヒルについて」『生き残ること』法政大学出版局 pp.228-251）

Healy, W. & Bronner, A.F., 1936, New Light on Delinquency and Its Treatment : Results of a Research Conducted for the Institute of Human Relations. Yale University, Greenwood Press.（樋口幸吉（訳）1956『少年非行』みすず書房）

樋口幸吉 1965「序」岸野淳子『忘れられた非行少年』明治図書 pp.1-5

堀真一郎 1995「訳者解説」『新訳ニイル選集5——自由な子ども』黎明書房 pp.273-278

木村 敏 2004「座談会 これからの自閉症論を求めて——木村敏先生をお迎えして」『こころの臨床 à la carte』23 ; 244-259

木村 敏・今野哲男 2008『臨床哲学の知——臨床としての精神病理学のために』洋泉社

岸野淳子 1965『忘れられた非行少年』明治図書

厚生労働省「社会的養護の課題と将来像」(http://www.mhlw.go.jp/stf/shingi/2r98520000001iafu-att/2r98520000001iajw.pdf)

古東哲明 2011「無境の空間」木村 敏・野家啓一（監修）『臨床哲学の諸相——空間と時間の病理』河合文化教育研究所 pp.161-194

村瀬嘉代子 2006「心理的援助と生活を支える視点」滝川一廣・青木省三（編）『心理臨床という営み——生きると

いうことと病むということ』金剛出版 pp.81-90
A・S・ニイル［堀 真一郎（訳）］1995「原罪というものは決してない あるのは病気だけである」『新訳ニイル選集1――問題の子ども』黎明書房 pp.13-21
野本三吉 2005「多様化する子どもと自立支援」『非行問題』211 ; 6-22
大塚 類 2009『施設で暮らす子どもたちの成長――他者と共に生きることへの現象学的まなざし』東京大学出版会
下田光造 1929『異常児論』大道學館出版部
宇田川久美子 2007「「共に」の世界を生みだす共感――自閉傾向のある子どもの育ちを支えたもの」佐伯胖（編）『共感――育ち合う保育のなかで』ミネルヴァ書房 pp.74-108
山口泰弘 2010『規律教育は子どもの心を育てない――教員改革に挑んだ石原登と情性の教育』明石書店
全国教護院協議会（編）1985『非行克服の理念と実践――教護院運営ハンドブック』三和書房

第8章　心理的支援と「生活」

生活を問い直す

村瀬嘉代子

1　はじめに

人が生きていく上で抱く心理的問題の背景には、生物‐心理‐社会的要因が輻輳して関わっている。したがって、人が遭遇する生きにくさに対しては、一見精神的問題に見える場合でも、狭義の心理学的、精神医学的理論だけで事態を説明して事足りるとするのではなく、複眼の視野で観察し、多軸で考え、多面的に関わる姿勢が必要である。現に、クライエントの抱く障害や疾病は消褪せずとも、生活の質を向上させることによって、生きやすさは増す。青木（2011）も「人生の悩みや病気の症状と生活とは、相互に影響しあっている。悩みや症状を直接変化させることは難しいことが多いが、生活を少しでもよいものにする工夫は、意外にある。悩みや症状を洞察するよりも、自分の生活のあり方に気づく方がプラスになることが少なくない」と述べている。

2　心理支援と「生活」について考えてきた経緯

半世紀も前のこと、家庭裁判所調査官になり、非行少年や家事事件を通して、「生活」をどう捉え考えるかが人が生きる上での問題解決に基本的意味を持つことに思い至った。この気づきの過程については事例を基にすでに論述してあるが（村瀬・青木 2004）、ここにその事例の要旨を素描しよう。

家庭裁判所調査官になって三カ月余のこと。中学二年男子Kの窃盗事件を担当することになった。窃盗の件数は多く事件記録は分厚くずしりと重かった。怠休して、街頭を彷徨していることが多い、と記録され、二人の兄たちはそれぞれ服役、少年院在院中。父親は借財を抱えて出奔居所不明、母親は病死。Kは高齢の養育監督能力のない父方祖母と二人暮らし、非行性は習慣化し社会性も著しく遅れている、環境条件の不備からして少年院送致による矯正教育が必要との警察、検察庁の意見が付されていた。周囲の先輩は、Kはおそらく兄たちと同様の道をたどるであろう、処遇意見提出は少年院送致で迷うこともない、という。確かに、非行性は進んでいると思われた。だが、初回の家裁継続である。まず、本人に会って考えようと、居所の定まらぬ少年に面接日時の伝達を地元の警察に依頼した（電話は今日のように普及しておらす、郵便では少年に伝わる保証がなかった）。人の住処かと訝られる古びた平屋に少年と祖母は待っていた。挨拶する私に祖母は涙声で「孫たちが次々道に外れて世間に申しわけない。自分は視力も衰え、老衰で監護力もない。調理もできず、缶詰とパン食、たまに近所から汁物を届けてもらう、役立たずで……」と語る。Kによく待っていていてくれた、と声をかけると、一瞬警戒心を緩めかけたが、やせた小柄な身体で精一杯身構えてこちらを睨み付ける。ふと見ると、垢で汚れて光った制服のボタンがちぎれ、袖の肘がかぎ裂きでだらりと垂れ下がっている。衣服も整わない状態で相対するのはそれだけでも自尊心が傷つくであろうと、悪いけど裁縫しながらお話しさせて、と手早く制服を繕った。「さあ、これで中学の制服」と手渡すと、祖母は泣き声で感謝し、Kはちょっとはにかんだ。送致事実を尋ねていると真剣に思い出そうとしはじめた。言葉は粗野だが、その状況の記述の仕方などから素質はさほど低くなく、環境のゆえに経験不足から成績も最下位なのだろうと思われた。非行事実が多く、確認に手間取り昼過ぎとなってしまった。パンを買ってくるからお裾分けしようと言うと、小声で「温かいうどん食いたい」と。祖母はたしなめ、私も自分の役割、立場を考え一瞬逡巡した（今は温かい汁物が人の食べ物として要るのではないか……）。近所の雑貨屋で乾麺を求め、かけうどんを作った。

「うまい……」とKの小声。「出汁のきいた温かい食べ物は久しぶり」と祖母の涙声（家庭裁判所調査官がすることではない……これからどう運ぼうか、私は飲食どころではなかった）。食後のKはこころなしかあどけない表情になり、言葉を探しながら気持ちを語りはじめた。寂しさ、怒り、恨み、屈辱感、恵まれない（多くを剥奪された）人間は人様のものを盗んでも当然という強弁も交えつつ……。そして、どうせ兄たちと同じようになるしかない、とも。「生きていくときには分かれ道に出会う。裁判所は君が自分の道を見つけられるように、君の本当の気持ちを知り、周りの諸事情をも総合してこれからのことを決めるのだ。望みがそのまま叶うとは約束できないが、自分のこととして、起こした事件のこと、自分はどうしてこうなってきたか、これからどうなることが望ましいか、何から手を付ければよいかについて考えることを今するのだ」という主旨をわかりやすく繰り返した。

Kは破れた畳に目を落として考え込んだ。「普通の中学生になりたい。まじめになりたい。この土地で自分や家族は軽くみられているが、ここが好きだ。ここにいたい」「こんな風に考えたのは初めて……」。Kはひたと私を見つめた。出会い頭の身構えた眼差しとは違って、Kの意志が込められ、真剣になっているように見えた。

前もって、ご相談したい旨連絡してあった民生委員と保護司（兄たちを担当している遠縁者）がうち連れて来訪された。戸外へ出て、三人で話し合った。「Kの家はすでに人手に渡っており、祖母には近日中に告げるが、民生委員や縁者で相談し、祖母の高齢者施設入居先は決まっている。これまでのKの行動から考え、少年院送致が望ましい、ちょうどよい機会である」。これは至極当然の見識であろう。だが、私は必死に話し出していた。

Kがやりとりの中で示した変化と希望、もちろんその望みは彼の今の主観であって、実現のための支えとなる資源は乏しい、彼自身、自分の言葉を裏付ける行動をした実績はほとんどない、一方その環境は今夜の普通の食事すら……つまり生活の基本すら保障されていない。しかし、彼が人としっかり向き合って話したことや自分の言葉を真剣に聴かれたことは久しくなかったのではないか。初めての決意を真剣に聴いてもらえたという経験こそが人が他者の言葉を聴くことができるようになるもとであろう……。その意味でKの決意を何とか受け止めたい。だがそれは今の現状では無理。何だか不条理……。こう話しはじめた自分を恥じ、困惑しながらも止められず話していた。二人の先生は声を低めて相談しはじめられた。

「お嬢さん、いえ家裁の先生、仰るとおりだ。この村落のはずれに施設で育った天涯孤独の若い家内工業主D氏がいる。誠実で周囲の信望も厚い。奥さんと赤ちゃんの三人家族。彼にKを預けてそこから中学へ通わせ、私たちも繁く相談に乗ろう。中卒後のこともわれわれで考えよう。この土地で育てよう。D氏は自分の生い立ちと重ねて考えわかってくれる。これからKを伴い、頼みに行きましょう」。唐突で一方的である。だが、Kは「頼んでほしい、マジメになりたい」と言う。

D氏の家内工業の住まいは、質素だが清潔で小さな植木鉢の植物など活き活きしていた。D氏と赤ちゃんを負ぶった奥さんは研磨機に向かって仕事中であった。D氏は二人の先生から話を聞かされ、驚かれたが、真剣な表情でしばらく考え込み、奥さんの目をじっと見つめて「いいだろう」と。奥さんも素直に同意された。中学卒業まで、生活を共にし面倒はみる。その代わり、労働基準法違反だが生活が苦しいので、毎日二時間工場の手伝いをする。職工の技術も身につくはずだ。それならば親代わりをしよう。即決であった。D氏は「自分は一人きりで努力し、ようやく今の生活が持てた。似た境遇だ。君も努力してほしい」と語り、二人の委員の先生も改めて協力を約された。

Kの着替えや学校道具を四人で取りに戻る途中、中学へ寄り、事の次第を報告し、配慮をお願いした。Kについて半ば諦めかけられていた中学校側は驚き歓ばれ、特別補習などを約束された。身の回り品を持って、D氏宅へ引き返す途上、「先生は街の人に見える。皆に聞かれたら恥ずかしい」とKは小声で口ごもった。「亡くなったお母さんの東京に住んでいる妹にしたら?」「そうだな」。あどけなくKは微笑んだ。彼を預けて辞し去る私たち三人に向かって、D氏一家とKは戸口に立って、見送られ、振り返る度に深くお辞儀をされた（お辞儀を深くするのは私なのに！　身を捩る想いであった）。

試験観察期間を順調に過ごし、中卒後、Kは腕のよい研磨工になった。新人の調査官がよい結末をもたらしたと周囲から賞揚されたが、それは当たらない。私の存在や営為ではなく、Kの成長変容はさまざまな地域社会の中の生活を通しての支援の成果である。D氏の下で基本的生活習慣を会得し、働き手として必要とされた経験はKに自負心をもたらした。D氏の赤ちゃんのお守りをすることを通して、Kは気持ちが通い合うという懐かしい感覚を取り戻した。鶏の世話や植物の水やり、その他さまざまな体験を通して、Kは人や物、事へ丁寧にどう関わるかを学んだのである。D氏夫妻の誠実な暮らしぶりをモデルとした、二四時間の生活を通して、Kは育ち直り、自尊心を持つに到った。突然Kの保護者役を引き受ける度量の深さを持ちながらも、D氏夫妻は現実をKに示された。私はそのしなやかなバランス感覚に感じ入った。また、高齢者施設の祖母の下にKを伴われたり、中卒後の暮らしについて、保護司や民生委員の先生方が手助けされたこともよい予後をもたらしたのであった。

思慮に裏打ちされ惻隠の情に支えられた日常生活と人間関係はどれほど確かに人のこころを癒し成長させうるか、その時私は強く瞠目させられた。資質に脆弱性を抱え、パーソナリティの基盤となる確かな対象関係を享受できなかった、いわゆる育ち直りが基本に求められる子どもに対しては、いかに洗練され優れていると考えられる理論や技法でも、単一に用いることは不十分である。視点を多くもって、緻密に気付き観察し、いろいろな面、つまり多面的にクライエントの必要性の変化に応じて支援の方法を現実に即して考えながら柔軟に提供していくことが必要なのだ、という今日に到る問題意識が芽生えたのである。

生活を視野に入れ、クライエントの二四時間の生活がその変容成長に資するようになるにはどういう要因が求められるか。これはその後、発達障害の子どもたちや統合失調症の人々、いわゆる境界性パーソナリティ障害を持つと考えられる青年たち、社会的養護児童（児童自立支援施設に措置されている非行性を持つとされる子どもたちも含む）へと、心理臨床の営みで出会う人々の対象は広がってきたが、今日に到るまで一貫した課題である。

第一に、見事な論理的整合性をもって構成された心理療法の理論や階梯化されて整ったプログラムは有用ではありえるが、現実は既成の理論や技法を超えていることが多い。個別の状況に即応した考え方や方法が必要である。第二には、人のこころのあり方は来し方の生い立ちと現在どれだけ支えとなる環境があるのか、そしてそれらをもとに自分の将来をどのように思い描き希望をどう持てるのかと密接に関わっており、同様の資質を持っていても置かれてきた環境、その後どういう人や事との関係に恵まれるかによって大きく変わる。つまり、生きにくさを解決していくには、当面問題となる焦点をしっかと捉えながら、全体状況を多焦点の視点で捉え、統合的に考え、アプローチすることが望ましい。

３　「生活」と人のこころ

生活とは、人が命を維持し、育むために行っている必要不可欠な活動であり、その活動は衣・食・住を基礎として、次のような関係性の下に営まれている。まず第一に家の内の人間関係では、夫婦の関係、親子関係、兄弟姉妹、その他の関係がある。家の内と外に繋がる関係として職業生活、社会生活がある。

ところで一方、心理療法が対象とする人の「こころ」について、『広辞苑』では「人間の精神作用のもとになるもの。知識・感情・意志の総体」と定義されている。これを実体に即して平易に表現すると、「人が自分自身をどう捉え認識しているか、他者や物、事へどのように関わるか、それ

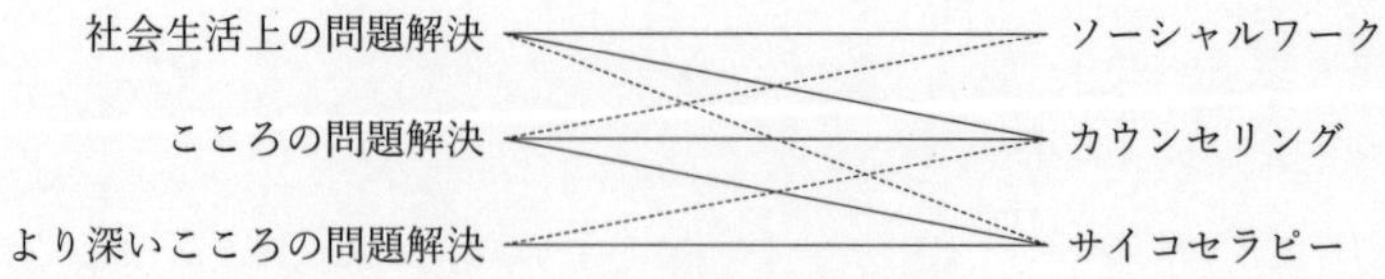

図1　アプローチ間の関連

らの現われの総体」と言えよう。つまり、人が少しでも生きやすくなるように心理的に援助するということは、生活全体を対象として視野に入れ、当面の課題や目的に沿って、生活に即して、考え方、感じ方、振る舞い方などについて着手できるところから関わり、成長変容を目指していくということに意味がある、いやむしろ必要であると言える。

さて、人が生きていく上での問題、生きにくさに対して、個別に即して、複眼の視野で観察し、多面的に考え、関わる、つまり生活を視野に入れて統合的に関わるということは、従来のさまざまなアプローチと図1および図2のように関連づけて捉えられるのではなかろうか。

つまり、ソーシャルワークとは人が生きる上での問題を個人と環境（ミクロのレベルからマクロのレベルまでを含んだ）の不適合状態と捉え、この不適合を解決するために二つのアプローチをとる。一つは対応力を高めて個人をエンパワーすること、一つは環境に働きかけて個人が安心できるように調整すること、つまり人と環境に働きかけるエコロジカルモデルがソーシャルワークにおける基本枠組みである。一方、いわゆるサイコセラピー（心理療法）は、人の心理に焦点をあて個人の変容を目的とするアプローチとされている。しかし、図1の破線が示すように、それぞれのアプローチを一応定義

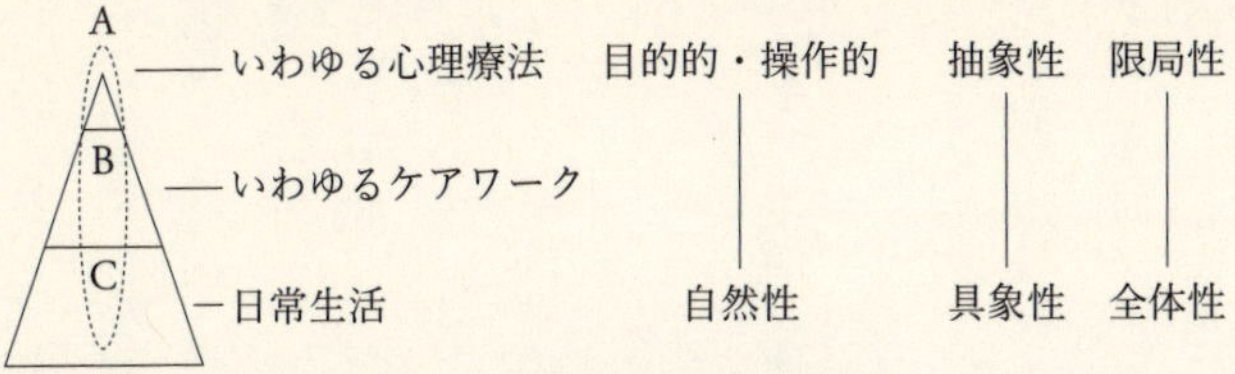

図2　日常生活と支援の関連

しても、現実にはソーシャルワークの場面でも、時に非常に深い内面的交流がなされる場合がある。次いで、図2はいわゆる心理療法と施設のケアワーク（児童自立支援施設では教護の営みと言えようか）の特質をあえて図にしたものである。生活を視野に入れた支援とは、一見日常生活の営みと見える活動の中に、心理療法やケアワークの考え方、技法がさりげなく織り込まれていると言えよう（図の破線部分）。

4　心理的支援の基礎「人としてその存在を受けとめるために」

現れている問題の性質や診断名は同じでも、クライエントをまず全体的に人として遇することが臨床では基盤である。ＡＤＨＤ（注意欠如・多動性障害）のＡ君ではなく、○○の特徴を持ち○○が得意なＡ君はＡＤＨＤでもあるというように、資質や社会経済的位置の如何にかかわらず、今、その人がそうある必然性を事実として中庸の態度で受けとめることが基本である。さらに一人ひとりに即応したアプローチを行うには、状態の変化につれて技法には創意工夫が求められる。面接者はアプリオリに暗々裏に用意した枠組みに沿って、一見、形式的に整った、論理的整合性に益する情報をこちらの都合で集めるのではなく、クライエントがまず伝えようとすること、その態度に表していることを受け取るように面接や行動観察を進めていく。そして伝えられたことにまつわる疑問についてたずねながら、面接者は時間・空間軸に沿って、クライエントの人間関係、社会経済状況、さらにはこれまでの生育・生活歴、さらにこうした要因が現在の生きづらさにどう関わっているのか、その生きづらさの特質と程度、活かしうる要因など、全体像を描き出していく（村瀬 2008）。

この過程は「気付くこと」と、それをもとに知識、経験を総動員して想像力を使ってクライエントについて理解の精度を高めていく過程である。

5 生活と連動したアセスメント

いわゆる症状や精神内界に直接働きかけることを中心に重点を置くのではなく、生活を視野に入れた全体的関わりを効果あるものにするには、漫然と生活場面を共にするとか、面接場面で生活状況に言及するばかりではなく、次のようなアセスメントをさりげなく常に行っていることが必須である。たとえば、生活場面における一見何気ないクライエントに対する関わりも、その時その状況におけるアセスメントに裏付けられているものでありたい。

（1）とりあえずの現状——自傷他害の程度、急性かどうか、またはトラウマ、PTSDである可能性はどうか。支援者としての自分が提供できること、自分の取りうる責任、器としての自分の適性はどうか。

（2）問題の性質や病態の水準——本人はどう自覚し、周囲の認識は？　適応の程度はどれくらいで、活用できる資源は？　言葉と感情や思考内容、行為の繋がりの程度はどれくらい的確か。

（3）問題とされていることや疾患にまつわる要素——器質的要因、身体的状態、薬物や環境要因がどう関わっているか、本人はそれをどう受けとめているか。

（4）パーソナリティ——自分や他者をどう捉えているか、ストレスへの耐性、内省力の質や程度、感情の状態はどうか。

（5）発達——平均に比較しての心身の発達状態、時間的展望をどう持っているか。

（6）生活のありかた——家族やその他の人間関係、生活リズム、地域の特徴、社会経済状況、生活の物理的条件（住居、地域の環境）はどうか。

（7）拠り所としている対象（人、物、事）、潜在可能性、素質が現実的にどう機能しているか。

❻ 面接や援助過程の理解は仮説である

臨床においては、見立ての仮説は過程が進むにつれて、精度が高くなっていくのが事実である。しかも問題や疾患の背景にある生活全体を視野に入れる援助においては、次のようなことに留意が必要であろう。

（1）症状や問題への注目のほかに、蝕知しえない可能性、クライエントの変容可能性に注目していること。

（2）疾病や問題を持つ人という限定された視点よりも、社会的、歴史的存在という全体的視野をもってクライエントを理解すること。わからなさや不確定さに耐えること。

（3）ジェネラルアーツと諸々のリソースを多く持つ努力をすること。

⑦ 生活を支える視点を取り入れた事例

事例──家族成員それぞれの再生と家族の再結合

A夫は知的障害を伴う自閉症を疑われ、中学進学を機に知的障害児施設への入所を教育現場から提案された。両親は子どもと家族四人で住み込み雇用されてきたが、この時点で雇用者から、重篤な発達障害を持つと見なされ、雇用を解除して成人の知的障害者施設へ入所することをすすめられていた。さらにA夫より二歳年下の弟B夫も兄と行動傾向が似て、全般的に適応不良であることから施設入所が示唆されていた。この状況下で判定会議のために面接が行われた。成績最下位、緘黙気味でいじめられても表情を変えず反応もしないと言われてきたA夫は、万引き集団の見張り役をしているなど、予備資料には矛盾が見られた。知能テスト場面では、A夫は比較的素直に反応し、田中ビネーテストの結果はIQ80±5であった。しかも雇用者の部屋のゴミ捨てを頼まれて、ゴミ箱の中の外国郵便の切手を捨てずに手元において、時に眺めてはその未知の国について想像する一方、問いには比較的素直に答えるのに「家族」「父」「母」という単語を使おうとしない、矛盾した不思議な子どもだという担当者の報告であった。

身繕いも雑で質素な身なりの両親は、韜晦な表情を浮かべておどおどと着席された。筆者が面接の目的を告げ「結論は会議で出される。あなた方のご希望通りになるという約束はできないが、ご両親の御意向をよく聴いて、それを元に自分は会議で報告する。お考えやお気持ちを遠慮せずに率直にどうぞ……」と語りかけた。すると、夫婦は向き合って手を握り合い、しばし双方の目をのぞき込んだ後に、どちらともなく「言ってしまおう」と概略次のように語られた。

意見を述べるように、大事にしっかり聴く、と言われたのは生まれて初めてで吃驚《びっくり》した。でも正直に話そうと気持ちが決まった。二人は児童養護施設出身で、父親は物心ついたとき、自身の母親と路上生活をしており、五歳時にその母親は行路病者として亡くなり、施設へ収容された。母親は乳児期に駅舎に置き去りにされて、出自についての手懸かりは皆無であるという。母親は涙滂沱《ぼうだ》。二人は施設で洗礼を受け、両親の代わりに神様が見守っておられると言われて育ってきたが心許ない……。当時の施設はいろいろな意味でゆとりなく、学業より園内の農作業で食料を補うお手伝いをして育った。卒園時「後ろだてのない者は小腰をかがめるように。能力のない者として軽んじられても我慢して生きよ」と言われた(昨今のことではない)。今、自分たち夫婦は寮の住み込み管理人をしているが仕事は難しい。卒園当初の仕事も住み込みであったが、お年寄りの大奥様が親同様にいろいろ教えかばって下さり、子育ても助け教えられた。自分たちは天涯孤独なので、家族の生活に強い憧れと希望があった。子どもたちは幼児期は元気だった。だが、老衰で大奥様が亡くなると若い当主夫妻は冷たく厳しくなり、ことに陰で子どもたちをいじめるのが辛かったが、雇用されているし、自信もなく黙っていた。やがて兄弟から表情が失せ、学力は落ちた。児童養護施設の担当ケアワーカーで定年退職されていたF先生が、この窮状を知って今の職場を紹介して下さった。すでに子どもたちは学校になじめなくなっており、元来過敏な母親は感情不安定となり、子どもに不安をぶつける、そのあと溺愛を繰り返した。親としての力量がないことはわかる。子どもが健康でないこともわかる。施設へと言われているのも……。だが、自分たちは身を寄せ合って暮らす家族に憧れてきた。でも自分たちは力不足。ダメだろうけれど家族一緒に今の生活を続けたい、自分たち親子はこの世に居場所がない気がする。

「ご希望とあなた方の事情は会議で報告します。仮に希望されるような結論が出るとしたら、今までと同じ考え方、生活の仕方では不十分で両親として勤労者として変わっていかねばならない。お手伝いできることはします、だがご両親の覚悟が要ります」との筆者の言葉に二人は「変わることや覚悟することは嬉しいような、怖いような……」と。手帳を広げ、何かの時、連絡相談する人はこの先生（住所欄にはかつての担当ケアワーカーF先生一人）だけ、電話を教えて、と。この転換期とこれからの課題多い道程を考え、電話番号を記すと、母親は手帳を胸に押し当てた。二人は真剣な面持ちで退席された。

予備面接の予想外の展開に戸惑いがありながらも、雇用主も出席した判定会議では演者が中心になって支援するという条件付きで、両親の雇用は試用的に継続、一家の住み込み居住も一応継続可、A夫は中学普通級へ進学と決定。一家離散はひとまず棚上げ、経過如何によるということになった。

定年退職なさっていたかつての担当ケアワーカーF先生が来訪され「あの両親の行動特徴は生育

環境による経験不足と自分自身の存在の根幹の不安からくるもので、いわゆる知的障害者ではないと考えていたが、自分一人では致し方なかった。彼等のそれぞれの力を見出されて感謝している。自分は唯一の相談相手だったが高齢になったし、このように後を託せる人に出会えて安堵した」と。

新学期開始前に家庭訪問。古びた六畳一間は片付いている。雇用主によると名前は伏せて「大事な方の訪問」と告げると、両親は二日がかりで清掃片付けをした。人間は動機があると能力を発揮するものだと感じ入ったという。怯えた表情の心身ともに一見線の細いA夫が待っていた。会議の決定内容は知っているという。「中学入学を機に手につくところから諦めずにやっていこう。誰でも中学で英語は初めて学ぶもの。遅れた科目のことを心配するより英語からやろう！」と筆者が「ABCの歌」を歌うと、A夫は小声で筆者についてハミングしはじめた。壁のカレンダーには母親が学校の行事を書き込んである（六年間、保護者会はすべて欠席、家庭訪問しても逃げるように不在だった、というのに……。子どもの教育に関心はあるのに接触を阻む何かが親にはあるのだ……）。この状況ならと話しかけた。「万引き仲間については別の筋から指導があるはず、しかし自分の意志で決心することが根本的に大切。今度誘われたら、自分の言葉で断ってみよう。暴力を振るわれるかもしれない。でも自分で変わろうと思うなら言葉にしてみよう。後遺症が残るほどの怪我はさせられないと思う。自分の正しい気持ちをはっきり表すと自分を信じられるはじめになるから……」（A夫はうつむいていた。何と厳しく苛酷なことを求めているのかと筆者は内心強く忸怩としていた）。テーブルの下からA夫が震える小指を差し出していた。筆者は無言のまましっかり指切りした。

この後三年間の経過を要約する。中学を訪ね、技術教科担当の受け持ち教諭には、A夫に準備室の整理係の役やその他の配慮で、居場所感覚が持てるようにお願いした。ある夜、A夫は万引きへの同行を断り、殴られてワイシャツを血で汚しながら帰ってきた、はっきり断れたのが嬉しくて抱きしめたところ、と母親の嬉し泣きの電話があった。兄弟には院生の治療者的家庭教師がつき、その傍らで夕食後両親も帳付けや伝票整理のための勉強をした。寮管理人としての仕事が果たせるようになっていった。母親へは彼女の役割である調理の要領や買い物のコツを伝えたが、この役は雇用主夫人が途中から替わられた。保護者会を避けていたのは、その地域の山の手風の言動がわからないから、服装がみじめだからというので、ソーシャル・スキル・トレーニング風に練習し、周囲に呼びかけて不用の外出用衣類を集めた。両親は学校の催し物に熱心に参加するようになり、それが他の父兄や地域に受け入れられる契機になっていった。地域の教会から日曜日の結婚式の裏方仕事を両親は依頼され、兄弟は教会信者の子供会へも誘われるようになった。当初、両親は筆者に面接時間以外にも電話で頻繁に相談してきた。だが、小さい神棚を求め、都の無縁墓地管理事務所に頼んでお骨を数片分けてもらって、自分たちの親だと祀り、子どもに注意するとき祖父母が見ていると説き、さらに「迷うときは神棚を見上げながら、村瀬先生ならなんて言うだろうと話し合って、自分で答えを出すようになった。先生に相談しなくても大丈夫」と笑い声の電話があった。

この間、紆余曲折はあり、経過はただ順調というわけではなかった。だが、着手できる課題から、少しでも生きやすくなることを目的に具体的に手がけていくにつれ、家族成員それぞれに自尊心が生じ、自発的に物事に取り組む姿勢がよい循環をうながしていった。A夫はその環境に理解ある雇用主の下で、技術者として住み込み勤務の傍ら定時制高校へ入学、弟も同じ道筋をたどった。二人は機械が好きなことも幸いし、子どもが巣立った両親が寂しくないように、そして電話代節約にと無線機を手作りして無線連絡を取るなど、別居後も繋がりや支え合いを大切にしていた。

⑧ A夫およびその家族へのアプローチの基底に志向されている要件

（1）目前の現実をまずはそれなりの必然として、そして人を人として遇する中庸の態度。
（2）変化する状況に即応した全体状況をも視野に入れた総合的アセスメント。
（3）（1）のために一見些細な事実にも気付くように、観察が大切であること。
（4）判断する前にまず聴き入る姿勢を。
（5）今、これからについてまず考える。
（6）具体的現実と裏打ちし合う、実体に裏打ちされた言葉を話し、記述する。
（7）心理支援者は自分一人の自己完結的営みを志向するのではなく、チームワーク、連携、コラボレーションを必要に即して行う。

（8）ジェネラルアーツを豊かに持つ努力。専門性についてはもちろん、生活者としてのセンスや技も大切に。
（9）心理支援者は自分自身の生について触れ、考える。
（10）クライエントやその周囲に関わる際に、一人称、二人称、三人称の視点をバランスよく併せ持つ。

9　日々の生活と活かされた時間

本書の中で、田中康雄先生が児童自立支援施設を訪ねられた折、国道でのゴミ拾いや野球、その他生活場面を学園生と共にする中で、「生活」の意味について再考された内容について言及されているが、ここに私も田中先生とご一緒した（本書「はじめに」）。子どもたちと早朝から、マラソンや縄跳び、掃除、洗濯物の取り入れ、そして食事やその後の自習時間などを共にする中で、改めて再認すること、考えさせられることが多かった。その一つに日常生活の流れの中で、こころの癒しや成長にさりげなく役立つ（決して大げさにとか、作為的にではなく）触媒の意味を持つような言動を傍らの大人がすることの大切さが挙げられる。例は枚挙に暇がないが、寮担当の先生も席を外して、学園生たちと率直に話し合う時間を設けられたときのこと。〈この学園に来てから、自分の成長したこと、良くなったことは？　遠慮しないで〉と問うと、少年たちは沈んだ表情で「別に」「何も変わらない」と口々に答えた。〈朝、起きてお掃除して、朝食食べてる人、手を挙げて？〉と問うと七人全員が挙手した。〈家に居たときは？〉彼等ははっとした表情になり「昼過ぎまで寝てた」「朝ご飯なんて家にはなかった、学校で中休みに校外へ飛び出してパン買ってきて喰って叱られた」「友達の給食のおかず、とりあげてた！」と答える。〈今は？〉と問うと、園生たちは園内での一日の生活の流れを思い浮かべ、「おれ、こういうことでも変わったと考えてもいいのですね」「きちんと暮らすって大事なことですね」「そういえば、中学生としての生活してます」などと答えた。〈どう、一日の流れが整ってくると？〉「めちゃくちゃだった自分が人間になったって感じ……」「なんか、少しすっきりした気持ちがするような……」。園生たちは気持ちを言葉にするうちに、表情に生気が浮かんできた。日常の生活をつつがなく送ることが学業やスポーツ、作業を良くやっていくことのもとであることを納得して、その後の園生たちのグループでの話し合いでは、励まし合ったり、他者の長所を見つけたり、希望について語り合い、その実現の手始めの営みについて考えるなど、展開していった（これはささやかな契機であり、すべての問題の解決ではないが……）。

人のこころは一日二四時間の生活のあり方と連動してある。この平凡なしかし基本的な事実に留意していると、子どもたちが日常の生活場面で発する言葉や行動に込められた大切な問いに気づき、その子が今、どのようなことについて、どれくらい受けとめる力があるかを考慮しながら適切に受け応えすることが可能になる。心理的支援は面接室やプレイルームの中での営みも大切であるが、日々の二四時間の生活とこれらの個別的支援を適切に連動させていくことが重要である(Trieschman, 1969 ; Bettelheim, 1963 ; 村瀬ほか 2005)。

10　おわりに

心理的支援に際しては、人の言動の背後にある、これまでどのようにその人が生きてきたのか、また、その人の人間関係や環境はどのようなものであるのか、そういう時空間の中にある自分自身をその人自身はどう捉えているのか、という緻密に焦点化した視点と、さまざまな要因が関連し合っている状態を全体的に捉える視点とが統合されていることが望ましい。この視点を持って、生活場面を大切に考える、時には実際に生活場面に関わる心理的援助は、クライエントの自尊心をより多く支え、自分の生を主体的に引き受けていくことを促進すると思われる。

†註
事例については、個人が特定されないよう修正・改変を加えている。

†文献

青木省三 2011『時代が閉め出すこころ』岩波書店
Bettelheim, B., 1963, Love Is Not Enough. The Macmillan Company.（村瀬孝雄・村瀬嘉代子（訳）1968『愛はすべてではない』誠信書房）
村瀬嘉代子 2008『心理療法と生活事象』金剛出版
村瀬嘉代子・青木省三 2004『すべてをこころの糧に』金剛出版
村瀬嘉代子・国分美希・永石晃・齋藤ユリ・楢原真也・山田道之 2005「二〇〇五年より継続中の研究会での発表・発言」
Trieschman, A., 1969, The 23 Hours. Aldine Gruyter.（西澤哲（訳）1992『生活の中の治療』中央法規出版）

Opinions

オピニオン

1——生活を聞き取るということ

川俣智路

「すみませんけど、テープに録音するの止めてもらえますか。それがあると、ちょっとやりにくいので。僕らだって、面接やるときにはテープなんか使わないでやりますよ」

私は平成二〇（二〇〇八）年度から二三（二〇一一）年度まで科学研究補助金（基盤研究A）「発達障害が疑われる非行少年の包括的再犯防止対策」（研究代表者 田中康雄）の調査協力者として、児童自立支援施設の職員の方々に、発達障害や被虐待経験が疑われ、安定した生活を送ることが難しい子どもへの支援に関する面接調査をお願いしてきた。調査方法を面接調査としたのは、施設の生活に密着した実践やそこにまつわる想いを調査したい、生活を聞き取りたいと考えたからである。

この調査を通じて見えてきたことは、こうした子どもへの支援は何か特別なケアを実践することを前提とせず、あくまでも施設の日常生活の活動がケアの一環として実践されるということであった。いかに日常生活とケアを切り離さず統合し、生活を共にすることができるかが重要である、と施設職員の方々は語ったのである。

医療人類学を専門とするアーサー・クラインマンは、その著作のなかで「専門家が疾患の記録に及ぼす影響」として、高血圧の患者と医師の診察場面を紹介している（Kleinman, 1988）。

医師　寝つけないんですか？

夫人　そうなんです、それに朝、本当に早く目が醒めてしまってね。エディー・ジョンソンの夢を見てね。たくさんのことを思い出して泣いてね。本当にひとりぼっちなんでね。私はわからないけれど——

医師　何かほかに問題がありますか？　からだの問題のことを聞いているんですけれど。

夫人　いや、疲れた感じはあるけどね。でもそれは何年も続いています。リチャーズ先生、誰かのことで思い悩んだり、その人がいなくなって寂しかったりすると、頭痛が出ると思いませんか？

医師　わかりませんね。筋緊張性頭痛だったらありうることです。でもほかに、めまいとか倦怠感とか疲労とかいったことはなかったんですか？

夫人　言っているじゃないの！　疲れた感じがときどきあるんですよ。そしてプレッシャーがあると悪くなります。でも、心配なことを先生に尋ねておきたかったんです。心配事がたくさんあってね。

［…］

医師　これから、からだの検査をして具合はどうかみてみませんか？

夫人　具合は良くないんですよ。自分でもわかるんです。プレッシャーが多すぎてね。それが、私の高血圧を悪くしています。自分が本当に情けなくなるんです。

医師　まぁ、しばらくすれば、具合がどうなのかわかるでしょう。

身体的な検査を終えて、リチャーズ医師はカルテに以下のように記載した。［…］

印象

（1）高血圧、コントロール不十分

（2）ノンコンプライアンス、これは（1）の一因である

（3）うっ血性心不全――軽度

クラインマンは次のようにこの医師の診察の問題点について指摘している。医師は医学に基づく疾患に対する説明に沿って診察を進める。しかし患者には医学とは異なる、患者自身の人生やこれまでの疾患の経過に基づく疾患の説明がある。この患者（夫人）は、自分の子どもたちの心配事や母親の介護の問題に一人で対応しており、また一年前に友人（エディー・ジョンソン）を酒場の喧嘩で亡くしている。患者はこうした問題を高血圧という疾患に結びつけ、それを「病い」として語ろうとするのである。夫人の最後の発言にある「私の高血圧」という表現はまさに患者の「病い」そのものなのである。そして、疾患の語りではなくこの「病い」の語りにこそ、患者の苦しみの本質的な問題が含まれているのである。しかし医師は「からだの問題のことを聞いているんですけれど」という発

言に象徴されるように、診察の際には疾患の部分だけ切り取り、カルテには疾患の情報しか記録しないのである。

私が施設の職員から学んだことは、クラインマンが「病い」という概念で主張したことと非常に近いことであった。子どもがその苦しみや問題を表に出すのは、なにも決まった面接や治療の時間だけではない。村瀬（2008）も指摘するように、日常生活の何気ない場面や、ちょっとした出来事を受けてそれは表出されるものなのである。そして施設の職員はそういったものを受け止めるために、生活を共にしているのである。

冒頭のことばは、右のようなことを考え始めていた頃の、ある施設の職員の方とのやりとりである。私はそれまで調査の際に、ＩＣレコーダーで会話を録音することをお願いしていた。

しかし、施設の職員が子どもを支えるために生活とケアの場を統合しているのに対して、私の調査に臨む姿勢はどうだろうか。確かにＩＣレコーダーで記録を取るのはそのときの調査方法であり、倫理規定を遵守すればそのこと自体に問題はないかもしれない。しかしそこには「調査の聞き取り」という姿勢があり、「調査の聞き取り」と「生活の聞き取り」を分けようとしているともいえるだろう。私が聞き取ろうとしていたことは、クラインマンが引用する医師のカルテのような、一方的に切り取られた情報だったのかもしれないのである。調査として生活を聞き取るためには、「調査の聞き取り」と「生活の聞き取り」を分け隔てることなく聴く姿勢が求められていたのだ。冒頭のことばは、私にそのようなことに思い至らせた。

生活を聞き取るための方法とはどのようなも

のなのだろうか。哲学・倫理学者の鷲田は、テオドール・アドルノ（一九〇三－一九六九／ドイツの哲学者）のエッセイ論を引用しながら哲学の方法について次のように検討している。アドルノは哲学が方法論に縛られその思考が固定的になっていることを指摘し、これを打破するために「方法的に非方法的である」エッセイの方法に着目する。エッセイは従来の哲学的方法と比べ方法意識が希薄であるとされるが、それゆえに「客観的である」という思い込みを覆し、独自の批判力を持つ。こうした議論を踏まえて、鷲田自身は求められるべき哲学の方法について次のように述べている（鷲田 1999）。

いいかえると、絶対的な知識や普遍的な妥当性が可能かどうかとか、「体系的な基礎付けの連関の統一」が可能か不可能かといった二者択一ではなく、その中間領域で、世界を構成するさまざまな象面のそのテクスチュアに濃やかに感応しながら、事象の襞のなかに深く分け入って思考する、そのような哲学の手法なのである。

鷲田はこの「中間領域」に身を置くためには、語り口や文体に自覚的であること、そして「語る」こと以上に「聴く」ことを重んじる必要があると指摘している。

これを生活を聞き取ることに置き換えると、次のようなことがいえるのではないだろうか。生活を聞き取るためには、何を語るのかだけではなく**どう語るのか**に注目すること、何を語るのかだけではなく**誰が何を聴いているのか**に注目することが必要なのである。施設の実践において生活とケアに分け隔てないことも、こうした点に通じるものがあるだろう。
　省みれば、私が施設職員の方々から話を伺っていたとき、私自身の姿勢はその内容とは全く正反対だったのである。これが生活を聞き取ることの難しさであり、生活を共にすることの難しさなのだろう。この経験を通じて自戒するとともに、改めて児童自立支援施設の実践の難しさと素晴らしさを伝えていただいた調査協力者の皆様、とくに冒頭のことばを率直にぶつけて下さった施設職員の方に改めてお礼を申し上げたい。

†文献

Kleinman, A., 1988, The Illness Narratives : Suffering, Healing and The Human Condition. New York : Basic Books.（江口重幸ほか（訳）1996『病いの語り――慢性の病いをめぐる臨床人類学』誠信書房）
村瀬嘉代子 2008「心理臨床における質的研究の理論的検討と実践の展開（第一報）」『心理療法と生活事象――クライエントを支えるということ』金剛出版 pp.159-177
鷲田清一 1999『「聴く」ことの力』TBSブリタニカ

2 施設に通うなかで学ぶ

久蔵孝幸

この稿を書くにあたり、『まして人生が旅ならば』（藤田 2001）を再読した。著者である藤田俊二氏は、北海道家庭学校において夫婦小舎制寮の寮長として退職まで長く勤務をされた方である。そしてこの本は、著者が寝食を共にした園生の退園後のその後の人生を尋ね歩いた記録である。その序文にはこうある。

彼らのため、というだけではない。豊かに見えるこの日本に、まだまだ無数の「彼ら」が暮らしている、その「彼ら」のために僕はこの本を出版したいと思ったのだ。もっと正確に言えば、無数の「彼ら」を忘れ去ってしまっている人々のために、ということである。

この序文からは、ごく一般的な子どもたちや若者が、三〇歳、四〇歳と年齢を重ねていきながら同時に年老いていく保護者や親族との間で相互に関心と関与があり、直接にせよ間接にせよ支え合いながら、忘れ去られることなく共に生きていくのに対して、このあたりまえのことが、社会的養護と呼ばれる「彼ら」にはまったくあたりまえではないということを思い起こさせられる。そしてそれは、「彼ら」が生きる上で人より余計に試行錯誤を必要とする人生を歩んでいるということでもある。

さて、本稿で与えられた題は、「施設に通うなかで学ぶ」である。筆者が調査の過程で施設に通い学んだことは、なかなか言葉にできない混沌のままであるけれど、施設のなかでどのように「彼ら」に関心と関与がもたれているのかを、筆者の見聞きし感じたことの素朴画としてでも描き出せれば、回答になるだろうか。

「愛です」

まずはエピソードを紹介したい。

筆者の属する研究グループにおいて、以前、いわゆる非行児の処遇に関わる施設のインタビュー調査を行った。その調査とは、非行だけではなく発達障害、虐待などさまざまな困難を併せ持つ児童に対して、それぞれの困難に特化した関わりが施設それぞれにあるのか、またその際に大切にしていることは何かということの調査であった。その結果については一部すでに発表されているのでここには述べない（川俣ほか 2010）。

調査の前に、我々は聞き取りたい項目を複数設定した。そしてそれをもとにいくつもの施設を手分けして調査したのだが、ある児童自立支援施設の年配の男性寮長先生に聞き取りをした時のことである。

質問項目に先生は静かに淡々と、言葉を選びながら粘り強く回答して下さった。とても丁寧に回答をしていただいたので、むしろ我々に正確に伝わっていないもどかしさがあるかのようにも感じられた。

聞き取り調査を終え先生は職務に戻られ、筆者は施設長室にてお茶をいただいていたその時、ふと扉の向こうの廊下を小走りで走ってくる音が聞こえた。と思うと、ノックとともにドアが開いた。先ほどまでの静かなたたずまいとは異なる先生がそこにいらして、真顔で勢いよく筆者に言った。

「さきほど大事なことを言い忘れました。一番大切にしていることとは、愛です！」

先生はそう叫ばれて、そしてにこりと笑みを浮かべてすぐに立ち去られた。

「愛」とはなにか

年配の寮長先生に「愛」を叫ばれたのは驚きであった。そしてこれは我々にとっては研究調査と現場の境目を見た瞬間でもあった。

もちろん我々が尋ねた一つ一つの項目の各部分に対して、先生が考えや方法を回答することはできる。しかし、一つ一つの部分の総和が関わり全体と等しくなる保証はない。それらがむしろ誤解を招く危惧や、断片から本質を伝えきれないはがゆさが「愛」を叫ばせたように感じられた。そして、本当に大切にされていることは特定の局面や対象、切り口、言葉として輪郭を明らかにしようとするとすくいこぼれる、なんらかの自然な全体としての「質」として体験され存在するものだと思われた。

「三〇歳、四〇歳で一人前になればいい」

次は異なる調査のなかで聞くことのできた言葉である。これは寮長として長い経験を持ち、現在は施設内でフリーに動ける管理職の仕事をされている方による言葉であった。

曰く、児童自立支援施設で子どもたちが過ごす時間は限られている。教えられることも限られる。子どもたちが卒園後も失敗を重ね、時に危ない橋を渡り、いくつも苦労を重ねてようやく、三〇歳、四〇歳になって一人前になっていたらよいのではないだろうか、その時に自分でお金を稼ぎ、落ち着いて暮らせていればよいのではないか、ということをおっしゃっていた。

成長に必要な時間と猶予

社会が児童自立支援に求めていることは、三〇代、四〇代での自立だろうか？　おそらく諸手を挙げてそうとはいえまい。

だからこそこの言葉は公には語られるはずのない、ベテランの経験に基づく真実の言葉と思われた。すなわち、真の自立には長い時間と苦労が多々あるという予測が卒園生には組み込まれているという認識でもあるし、[1] 挫折や失敗があっても必ずや再起をしてほしいという期待や願いでもあるだろう。そしてまた、児童自立支援施設には被虐待経験がある子どもたちが多いというデータを示すまでもなく、「彼ら」は種々の心的負債を抱えているからこそ、その負債を精算仕切れぬまま送り出す施設職員の心苦しさも感じ取れた。

彼らが「彼ら」に必要と考えていることは
――生き続ける練習のための時空

さて、ここにあげたのはわずか二つのエピソードである。いささか強引にこれらを敷衍すると、児童自立支援施設では、時に「愛」とも呼ばれる統合的に実在する関わりの「質」を土台とし、その土台の上に、将来の労苦を乗り越えるための心的な動力を作り上げたいと願っているように見えた。

つまり、人が社会で（まずは寮で）生きるのに必要な人への信頼感や共同体意識の醸成を、「愛」という性質をもつ関係構築から作り始める。同時に並行してオンザジョブトレーニングさながらに、日常生活のなかの試行錯誤とそれに伴う葛藤や失敗、あるいは成功をも職員や子ども同士で見つめ、抱え、許容しあい猶予されあい、一連を共有して、それがまた経過とともに徐々に記憶から薄れていく繰り返しを通して、同じ生活をする集団での包容力を体験していく。その上で、少々のことではあきらめない心のゆとりを子どもたちが体得する狙いがあるように思われた。

もちろんそのゆとりは、今度は共同体の包容力の「質」を高めるように機能するだろう。集団が個を育て個が集団に寄与する集団文化の持続は、短期間でも効果的に、また卒園後にも共同体との精神的な絆を維持する心的装置として機能するように思われた。つまり単にすぐ目に見える問題行動の変容ではなく、人のなかで生き続けるための人間教育を、生活の積み重ねにより編み上げる懐の深い時空を児童自立支援施設は提供しているようであった。

ところで、こう考えると、「愛」に裏打ちされた生き続ける力の獲得への期待というものは、子どもを育てる親の普遍的な願いとも相似するように思われる。いや、留岡幸助以来、家庭、いわば親兄弟のある家族モデルの上での修練こそが児童自立支援施設に伝統的に息づいているわけだから、元来職員の「親」心性を職に捧げる要素が小舎夫婦制の仕事に含まれているともいえる。もちろん「愛」がすべてであるというのではないのだが、「親」心性を提供したがゆえに、「親」としての喜びも悲しみも感じられるのは、冒頭に紹介した藤田氏の著書からわかるように、一面の必然だろう。

だが、時代の変化のなか、社会が変わり家族が変わり、児童自立支援施設も変わりゆく昨今、「彼ら」が学ぶモデルは、この親兄弟モデルとは徐々に質を異にしていくだろう。歴史のなかで繰り返し忘れられがちな「彼ら」に必要なことが何であるのか、何を社会は「彼ら」に提供できるのか、その学ばれるモデルに名をつけるとしたらどのような名称か。まだまだ学び考えなくてはならないことがたくさんあると、今も感じさせられている。

†註

1 誤解を避けるために述べるなら、時間がかかるということは「彼ら」を長い時間「甘やかす」ことではない。谷（1993）は子どもの取り巻く環境の劣悪さを前にしても、「[…]こんな無法な疑いを受けても怒ってはいけないのか。いけないのです[…]追いやったのは周囲です[…]しかし、周囲が責任を負うということはないのです[…]責任は本人だけが問われるのです［…］」と、いかなる時も行動の責任を負うことを子どもに学ばせる。このように悪条件の克己を子どもに強いているからこそ、社会の時間軸のほうも彼らに歩み寄らせたい心情が職員に生じるとも思える。

†文献

藤田俊二 2001『まして人生が旅ならば』教育史料出版会
川俣智路・内田雅志・久蔵孝幸ほか 2010「発達障害・被虐待体験・非行の問題を施設職員はどのように語るのか——少年院、児童福祉施設職員へのインタビュー調査から」『北海道児童青年精神保健学会会誌』23；41-52
谷 昌恒 1993『森のチャペルに集う子ら——北海道家庭学校のこと』日本基督教団出版局

3―支えということ

松嶋秀明

調査のためにある児童自立支援施設を訪ねた時のこと。子どもたちが生活する寮を訪れた私に、ひとりの少年が話しかけてくれた。寮にはたくさんの来客がある。「見学の方ですか?」「実習生とかですか?」声をかけてきた少年は、退園を間近にひかえた中学校三年生であった。調査に来たといってもわかってもらえまいと考えて「まあ、そんな感じだよ」とモゴモゴ答える私に、彼は「(この学園は)けっこう、いいところっすよ」とニッコリ笑って応えてくれた。

後に、寮長に尋ねてみて、これは彼だけの見解ではなさそうだとわかった。外部機関から、寮生活の満足度についてのアンケートがなされることがあるが、結果は先生にとっても意外なほど、園生活に満足しているという結果が出るという。他の寮でも、生徒が常日頃から「ここのほうが安心できるから」「居心地が良いから」ずっと残りたいと言っているということも聞いた。

児童自立支援施設とは、犯罪などの不良行為をするか、するおそれがある児童や、家庭環境などから生活指導を要する児童を入所または通所させ、必要な指導を行って自立を支援するところである。施設の性格上、厳しいルールのもとで共同生活をしなければならない。少年たちは、決して、好きこのんでこの施設にやってきたわけではなく、入所直後に脱走することも少なくない。それが二年足らずを過ごすと、この施設が「いいところ」であり「出たくない」となるのは、一体どうしてなのだろうか。

調査を進めていくなかで、そのことを考えるためのヒントを得た。寮職員の方々は、少年らと生活の大部分を共にしておられる。そうすることで生活上の些細なことも見過ごさず、そこから困り事を見つけ、親代わりとなって関わっておられる。普段は強がっている生徒も、二四時間一緒に生活してみると、弱く、大人の手助けが必要な側面を多くもっていることがわかってくる。この施設に入所している少年の多くは、一方では加害者であるが、と同時に、これまで親にはみてもらえず、学校では教師から「手が付けられない」と疎外されてきた少年でもある。支えを必要とする存在なのである。

具体的なエピソードを挙げよう。ある中学二年生の少年は、身体も大きく力も強い。他の生徒からも一目置かれる生徒であったが、彼には夜尿があった。たびたび失敗したが、そのつど、寮母である先生は、皆にわからないように始末してあげたのだという。朝は「あの子は疲れて寝ているから」と、その子が食堂にあらわれないことを他の寮生に説明し、他人の目から隠す。そして他の寮生が学校に行ってしまったら、洗濯し、目立たないところに干す。部屋の畳まで濡れるほどで、臭いもしたそうだが、それを何カ月か続けた。そうするうちに夜尿は消失したという。インタビュー調査のなかでは、この少年と同じような困難を抱えたエピソードを聴くことができた。

さて、上記の関わりは、施設の先生自身が「何をしたというわけでもない」とおっしゃるように、決して目新しく、派手な対応ではない。しかし、それを続けておられることがなにより重要だと思う。夜尿が消失した時点から遡ってみれば効果的な介入にみえても、対応しておられる先生にとっては、少年が失敗するたびに落胆し、気を取りなおす連続であったろう。実際、寮母先生も時々は「はーっ」「もうっ」と思いながら、しかし、その子から「ありがとうございました」と言われて「あぁ、してあげよう」と思いなおしたと語っておられた。このように安心して自分の弱みをさらけだし、虚勢をはることなく生きられる環境、できない自分に寄り添い続けてくれる環境を提供されることが少年には必要なのではないかと思う。なにより、少年たち自身が、そのことに気づいているからこそ、この場所が「いいところ」になるのではないだろうか。

とはいえ、寮職員の方々は、常に自信をもって対応しているわけではない。むしろ、常に迷い、試行錯誤しながら関わっておられるようである。多くの先生が、寮職員になったばかりの頃、少年を「指導せねば」「周囲に迷惑をかけてはいけない」という思いにかられ、指導の結果がでないことに焦り、悩んだというエピソードを話してくださった。ベテラン寮母のA先生からは、こんな話を聞いた。過酷な生い立ちがあって人との関わり方が「相手の気持ちをえぐるようなやり方」で、他者を攻撃することが普通になった少年。この少年がトラブルを起こして仲間から責められることが続いた時、「(悪いことは)わかっていて何回言われても、自分では、なかなか変えられないんだ」といってオーッと泣いたという。それをみたA先生は「一体どうやったらこんなふうに育ってしまうのか」と驚くと同時に、「本当に寂しかったり悲しかったりするなかを、ずっと耐えてここまで来た」ことを実感し、「(少年は)ここにいるというだけで凄いこと」だと思い至ったという。A先生は若手の頃「(少年は)今までいろいろな、嫌なことから逃げてきている子ばかりなので、そんなふうには見られなくて、居るだけじゃ足りない。(もっと「こうならなければ」と)かなり縛られていた」し、そういう自分の態度が、結果として少年との関係性を窮屈なものにしていたと反省的に語っておられた。ベテランの寮職員であるB先生の次の言葉は示唆的である。B先生は多くの見学者から「(少年は、ここで)更生しますか?」と尋ねられるのですと言いながら、「ここは更生させるための施設ではない」と言いきられた。そして、ここは少年が「大事にされる」施設なのだとおっしゃった。こうした見学者の質問は、この施設についての一般的な理解からすれば、必ずしもズレているとは思えない。B先生もこの施設が、そのような役割を社会から期待されていることはご存じのはずであり、「更生しますか?」という質問には、入所前と後とを比べた時の差分だけに関心が向けられており、入所中に少年と寮職員がどんな日常を暮らしており、そこで少年がどんな体験をしているのかには関心が向けられにくい。そのような関心に、職員までもが縛られてしまってはならないという思いをこめて

「あえて」おっしゃっていたのではないかと思える。

興味深いことに、さきほどのA先生が「もっと指導しなければ」と思わなくなったのは、無断外出をしたある生徒を探して地元を訪れた際、担任教師や地域の人と出会い、彼を支えようとしている多くの人々がいてくれることを実感したことだったという。別のある先生は、インタビュー調査が進行している期間、幼少期から両親からの悲惨な虐待を受けてきたという中学生への対応に苦労されていた。対人関係のトラブルが絶えず、それを少しでもとがめようとすると、キレて暴れる。その先生は私が訪れるたびに、その子の話を、問わず語りにされていた。その先生から、その少年のことが語られなくなったのは、これまで行方がわからなかった親の消息がつかめたことで、今まで全く見通せなかった少年の将来展望に、ほんの少し光が見えた後だった。このように自分だけではなく、外部の多くの人がともにこの子を支えてくれていることを実感すること、将来展望が見通せるといったように、自分の関わりの限界が示されることが、逆説的に、寮職員の先生方に、現在の少年との生活に専心する力をあたえるのかもしれない。

子どもを支えるためには、直接的に子どもを支えてくれる人がいることはもちろん大事だが、それだけでなく支え手自身が支えられる必要があると思う。その意味で、私たち外部者が、寮職員の貴重な体験に耳を傾け、その関わりを承認していくこともまた、間接的に少年を支えることにつながるのかもしれない。その際、「更生するのか」ではなく、「少年とどんなふうに生活なさっているのか」と聴くことを心がけたい。

4　反社会的行為を示す子どもへの対応について

松浦直己

反社会的行動のリスク因子について

反社会的行動を示す子どもたちが共通して持っている因子とは何だろうか？　反社会的行動に影響を与えている、あるいは将来与えそうな因子のことを〝非行のリスク因子〟という。リスク因子は個人・家庭・地域などいくつかの領域に分けることができる。個人領域のリスク因子には、「多動性」「攻撃性」「落ち着きのなさ」などがあり、家庭領域のリスク因子の代表的なものとして、「虐待」「親の犯罪親和性」「一貫性のないしつけ」などが挙げられる。

注意すべきは、「一つや二つのリスク因子が非行化への決定的な要因になることはない」ということである。複数の領域の複数のリスク因子が重なりあい、相互作用することによって、徐々に子どもの反社会的行動はエスカレートしていく。複数のリスク因子が作用しあって悪化している状態であっても、放置したり適切な支援を怠ったりすれば、状態はより進行する。例えば、高血圧や糖尿病などの持病のある人が、食事や喫煙などの生活習慣を改善せず、生活習慣病を悪化させている状態とよく似ているといえる。ピッツバーグ・ユーススタディという非行に関する大規模調査を主宰しているR・ローバーは、非行はまさに生活習慣病のようなものだと述べている(Loeber et al., 2005)。リスク因子はみんなが持っていますが、全員が非行に至るわけではありません。残念ながらリスクが蓄積して適切な介入が行われないと、症状は悪化していきます。一方で、きわめてハイリスクな人でも効果的な支援や介入があれば将来非行化しないことはありうる。肺がんのリスクを指摘された人が、禁煙することで将来肺がんになるリスクを抑えることと同じような考え方だ。現代の犯罪学では、非行のリスク因子や反社会的行動の進行をこのように捉えている。

次の図は、二〇〇〇年の非行や犯罪に関するイギリスのデータである。人口一〇〇〇人に対してどの程度犯罪があったかを、年齢ごとに示している。一〇歳以下や三〇歳以上と比較して、青年期の特に男性の犯罪は突出して多いことがわかる。この〝年齢-犯罪曲線〟はほぼ世界的に共通している。すなわち一四~二二歳までの青年期間は、一生のうちで最も罪を犯しやすい時期といえる。

非行少年に携わる方と話をすると、「今の時点でこんなにキレやすいのだから将来どうなるか恐ろしい」とか「本当に社会適応できるようになるのだろうか」という相談を受けることがある。図を見るとわかるように、個人差はあれ青年期の反社会性はずっと続くわけではない。前述のように非行化しないように適切にリスク

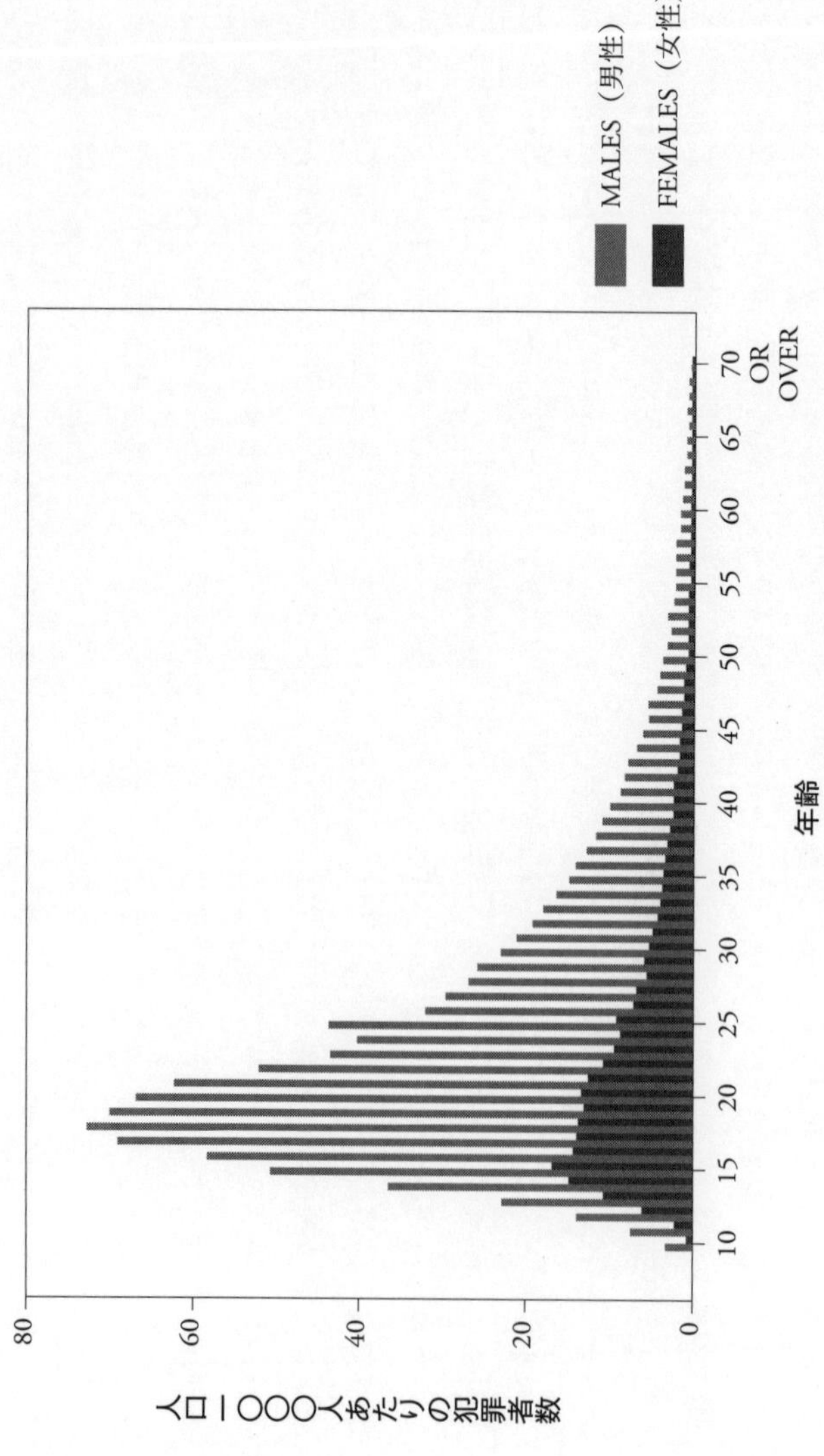

図　年齢と犯罪の曲線
（2000年のイングランドとウェールズにおける年齢および性別の犯罪者率）

因子に働きかけることが最も重要だが、それ以上に長期的展望をもって非行離脱に取り組むことが必要である。

被虐待について

筆者はこれまで少年院や児童自立支援施設で調査研究を展開してきたが(Matsuura et al., 2009a, 2009b)、少年の被虐待体験の深刻さには今でも驚かされることがある。筆者はACE(Adverse Childhood Experiences/逆境的児童期体験)質問紙を翻訳し多くの施設の協力を得て実施している。ACE質問紙は九項目から成り、被虐待の種類や養育機能の崩壊度を評価できる。ある児童自立支援施設のACE質問紙の結果だが、「身体的虐待」で約五割、「心理的虐待」で五割以上、「ドメスティックバイオレンス」が約三五%、「片親あるいは両親ともいない」が八割を超えていた。

一方、一般高校生約一〇〇〇名を対象に同様に調査をしたところ、「身体的・心理的虐待」で二%以下、「ドメスティックバイオレンス」で約二%、「片親あるいは両親ともいない」が約七%だった。つまり両者には、全項目で一〇倍以上の開きがある。

注目すべきはACE score(累積度)であろう。一つでも深刻だが四つ以上重なっている少年が三五%を超えている。一般高校生では一%未満である。先ほど虐待は家庭領域の非行のリスク因子であることを述べたが、このような施設に入所している子どもたちは想像を絶するほどの劣悪な養育環境に置かれていたことが推察される。現在、あらためて児童虐待が再発見されており、発達障害と絡まり複雑な徴候が示されているとの報告もある（富田 2011）。脳画像研究では虐待による脳機能障害の影響に関する研究が積極的に展開されている。

家族を教える（Teaching Family）ということ

アメリカのカンザス州に Teaching-Family Association（TFA）というユニークでしかも相当大きい組織がある（HP：http://www.teaching-family.org/index.html）。非行化した少年や薬物依存の青年らを対象に、実際の夫婦が生活を共にして治療的介入を実施している。児童自立支援施設の小舎夫婦制とは異なり、数週間程度と期間も短くそれほど非行化が進んでいない少年を対象としているようだ。しかし擬似家族的な治療枠組みを基本として、実際の夫婦が入所児童青年に対し、家族的なふれあいを通して行動改善を図る点はきわめて共通していると思われる。TFAは約三〇年かけて Teaching-Family Model（TFM）を発展させ、アメリカの心理学会や精神医学会から高く評価されている。

一方で日本の児童自立支援施設（交替制も含む）の取り組みは、世界的には知名度は低いものの、蓄積された歴史や指導技術などはTFMを遙かに凌ぐのではないかと思う。重要なのは「なぜ家族を教えるか」である。虐待された非行少年の多くは、「家族」というものがどういうものか知らない。お父さんやお母さんが世話をしてくれたり、褒めたり叱ってくれたりするという、当たり前の経験をしていない。当然「家族が機能する」状態をうまく想像できる子どもは少ないだろう。彼らは、児童自立支援施設にきて初めて夫婦とか家族というものを知り、体験するのではないだろうか。このような治療的関わりは、入所児童らが成人になってから自分が家族を作るときに重要なモデルになっていると思われる。だからこそ〝家族を教える〟という治療的関わりが有効なのだろう。

†文献

Loeber, R., Pardini, D., Homish, L., Wei, E.H., Crawford, A.M., Farrington, D.P., Stouthamer-Loeber, M., Creemers, J., Koehler, S.A. & Rosenfeld, R., 2005, The prediction of violence and homicide in young men. Journal of Consulting and Clinical Psychology, 73-6 ; 1074-1088.

Matsuura, N., Hashimoto, T. & Toichi, M., 2009a, A structural model of causal influence between aggression and psychological traits : Survey of female correctional facility in Japan. Children and Youth Services Review, 31 ; 577-583.

Matsuura, N., Hashimoto, T. & Toichi, M., 2009b, The relationship between self-esteem and AD/HD characteristics in the serious juvenile delinquents in Japan. Research in Developmental Disabilities, 30 ; 884-890.

奥山眞紀子 2008「児童虐待等の子どもの被害及び子どもの問題行動の予防・介入・ケアに関する研究——児童自立支援施設におけるアセスメントとケア」（児童虐待等の子どもの被害及び子どもの問題行動の予防・介入・ケアに関する研究 平成一七－一九年度 総合研究報告書）

富田拓 2011「児童自立支援施設の場合」『臨床心理学』11-5 ; 653-658

5―生活の枠組を考える

飯田昭人

はじめに――生活の枠組を考えるということ

村瀬（2011）は、「生活」という言葉について、辞書の定義や我々が普段使用している日常語としての「生活」に内包されていることなどをふまえた上で、「「生活」とは、構成要因としての「衣食住」と機能要因としての「家族の人間関係」「家族以外の外の関係、つまり職業、労働、社会生活、地域社会やコミュニティとのかかわり」等から構成されていると言えよう」と述べている。

続けて、村瀬（2011）は「本来、人はバランスのとれた日々の生活の中での相互交流を通して、成長発達し、その程度につれて、抽象的理解が可能となり、象徴や概念のレベルでの相互伝達が活発となっていく。この場合、生活の質が上質であること、つまり金銭的に贅沢でなくとも配慮のこもった衣食住、家族をはじめとして人との関係に恵まれること、応分に自分の力を発揮し、認められ、役立ちうる自分だという自信が持てる経験に多く出会うことが望ましい」として、生活の構成要因としての衣食住、機能要因としての人間関係に恵まれることや、自分に自信が持てる経験を積み重ねることの重要性を述べている。

児童自立支援施設や、おそらく児童福祉施設全般における生活の枠組を考えるということは、生活の構成要因としての衣食住をしっかり提供することはもちろんであるが、生活の機能要因である、人を受け入れ人から受け入れられるという人間関係を経験することができ、自分自身に自信を持てる経験を多く積むことができるような場を整えていくことと、言い換えることができるのではないだろうか。

子どもから見た生活に思いめぐらす

その施設ごとで当然異なることもあろうが、子どもの生活の始まりとしては、朝目覚め、朝ごはんを食べ、身支度をして学校などに行く。そして、学校でも授業やクラブ活動などがある。学校から戻ると、自分の余暇の時間を過ごしたり、時に掃除や洗濯などをしたり、遊んだりする。そして、夕食を食べ、お風呂に入り、子どもによっては宿題や勉強を終わらせる。そして施設によってはミーティングがあり、そして就寝の時間まで思い思いに過ごし、就寝を迎える。

この生活の一連において、その子どもは常に人やもの、事と関わっているという当たり前の事実が見えてくる。特に、一緒にごはんを食べる入所児童や職員がおり、一緒に遊ぶ、一緒に余暇時間を過ごすなど、人との関わりを通して、その子どもは自分自身の生活を営んでいく。

児童自立支援施設に入所する前の子どもたちの多くは、非行少年と呼ばれるように、結果として犯罪行為を伴い入所していることが多いが、子ども一人ひとりの背景は多様である。家庭不和や虐待の経験がある子どもが少なくなく、その日常生活も安定していたとは言い難い。

高橋（2011）は、自立援助ホームが大事にしていることとして、安心できる生活環境を保障することを挙げている。そのなかで「これまでの大人との関係から人を信用できない、自分で自分を守るしかなかった彼らには、これまでのつらかった状況に思いを馳せ、「ありのままでいい」「ゆっくり休んでいい」というメッセージをできるだけ生活の中に組み込んでいきたいと考えている。規則優先の生活環境であってはならないし、入居者たちの否定的な表出行動に職員が一喜一憂するようでは安心感を保障できないであろう」と述べている。

右記高橋の見解からは、いわゆる大人（支援者）側から子どもの生活を見るということに留まらず、子どもの視点から子どもの生活を見ることを通し、子どもが自立（自律）的に生活を営んでいくために、大人（支援者）はどうあるべきかと問うことが示唆されているといえる。すなわち、生活とは、子ども（入居者）と大人（支援者）の相互作用によって成り立つものであるので、子どもの生活が豊かになっていくということは、大人側の要因が大きいといえるのではないだろうか。

生活の枠組を考えることは「人」の要因を考えること

最初、このテーマをいただいたとき、児童自立支援施設に入所している子どもたちの生活が安定するために、外から何をしていくかという枠組のようなものを論じていくべきなのかと考えた。

ただ、私が児童自立支援施設に伺わせていただき、職員からお話を聴かせていただいた上で感じ、そして考えたこととして、子どもたちの生活の安心・安全を保障しているのは、決して多いとはいえない職員定数のもとで、日々、子どもたちとともに生活をされている施設職員の存在そのものであるということだった。

職員の多くは、自身の子どもへの対応について遠慮気味に話されていたが、子どもを前にして、職員自身がときに生活のなかで見本を示し、一緒に考え一緒に悩み、そして自分が間違っていたと思ったときは子どもに素直に謝るといった、このような職員の皆様の姿勢こそが、子どもたちの生活に潤いを与え、また、子どもたちの言動から職員も多くのことを得ておられるのではないかと考える。

国分（2011）は、児童福祉施設に入所している被虐待児などへの心理的治療の必要性の裏に潜む問題点を指摘し、何よりも大切なこととして、子どもと施設職員との触れ合い、ぶつかり合いにおいて、互いの信頼関係を構築することを挙げている。

生活の枠組というものを考えるとき、特に、子どもの視点に立って生活の枠組を考えると、自分のために笑ってくれたり、怒ってくれたり、

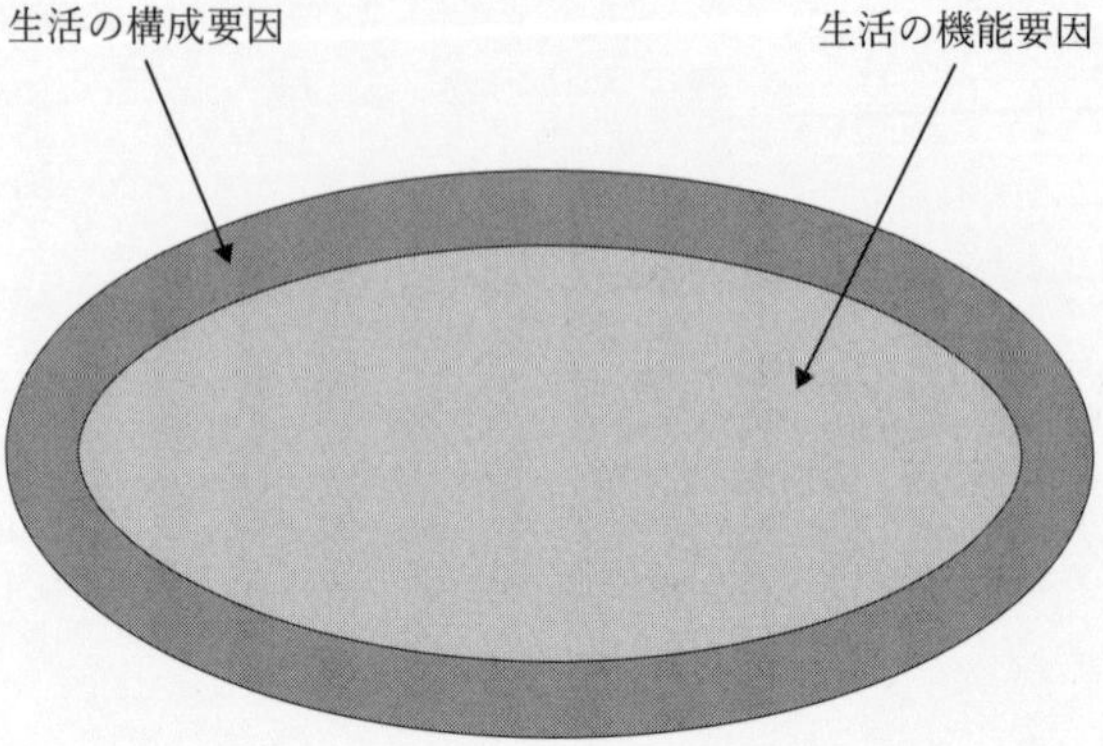

図　児童福祉施設における生活の枠組に関する概念図（村瀬（2011）参照）

泣いてくれたり、自分のために身体を張って時に制止したりするような、大人（支援者）の存在が重要であることを改めて強調しておきたい。

生活における枠組とは

生活の枠組について、村瀬（2011）の論考をもとに上のような概念図を想定した。

外側の領域は、生活の構成要因であり、衣食住の保障、日々のルーチン化された日課などを指す。衣服や三食の食事、住まいが保障され、日々の日課が決まっているものである。日課については、子どもの状態像を考慮した柔軟なものであることが望ましいと考える。

内側の領域は、生活の機能要因であり、子ども自身と他の入所児童、そして施設職員との日常における相互交流が基盤となる。そして、ここでは次のようなことが行われる。

- 子どもががんばって物事に取り組んだとき、何かしらの成功体験をしたとき、他の入所者や職員に称賛してもらえる経験をもつこと。そして、その子どもも他の入所者や職員に対して、同様のことをしてあげるような経験の積み重ね。
- 子ども自身が何か失敗体験をしたとき、またつらかったときなどに、いたわってもらえる経験をもつこと。そして、その子どもも他の入所者や職員に対して、同様のことをしてあげるような経験の積み重ね。
- 子ども自身が悪いことをしたときに、きちんと向き合って叱ってもらえる経験をもつこと。また何かしらの壁にぶつかったときや迷ったときに、一緒に考えてもらえる経験をもつこと。そして、その子どもも他の入所者や職員に対して、同様のことをしてあげるような経験の積み重ね。

このような生活の構成要因と機能要因からなる生活の枠組を通して、子どもたちは他者を受け入れ、自分に程よい自信を取り戻していけるようになるのではないだろうか。

†文献

国分美希 2011「社会的養護における生活」『臨床心理学』11-5 ; 642-647
村瀬嘉代子 2011「虐待を受けた子どもの生活を支える」『臨床心理学』11-5 ; 636-641
高橋一正 2011「虐待を受けてきた入居者への自立援助ホームでの支援について」『臨床心理学』11-5 ; 665-670

6 児童自立支援施設への期待

荒井紫織

はじめに

私と児童自立支援施設とのかかわりは、今回の研究グループのメンバーから「研究の手伝いをしないか」とたまたまお声掛けいただいたことに始まった。それが今から一年半ほど前のことである。よって、児童自立支援施設についてはまだまだ知らないことも多くあり、たいそうな意見を述べられる立場ではない。そこで、ここでは私が本研究を通じ、児童自立支援施設に触れるなかで感じたことを記していきたい。

ソトから見る非行

まず、研究に携わる前の私は児童自立支援施設についての知識をほとんど持ち合わせていなかった。「非行少年が生活する、少年院に類似した施設」といった程度の理解しかしていなかった。加えて非行少年にかかわったことも少なく、彼らに対しては反抗的あるいは攻撃的、トゲトゲした空気をまとっている、といった近寄りがたい印象を持っていた。そのような認識をしていたので、実際に児童自立支援施設を訪問した時には驚きの連続であった。まず、敷地を取り囲む高い塀がない。可愛らしいペットのいる寮やきれいなガーデニングが施されている寮もあった。そしてすれ違う子どもたちはニコニコと挨拶をしてくれた。このようなことは非行少年にかかわってこられた方には至極当たり前のことかもしれない。しかし、何も知らず、児童自立支援施設に対して少年院のような堅苦しいイメージを抱いていた私には、このような些細なことすら驚きを感じたのである。

今から思い返しても、何も知らなかった自分が恥ずかしい限りである。しかし、児童自立支援施設について、あるいはそこで生活する非行少年について、いったいどれぐらいのことが一般に知られているだろうか。参考までに周囲の者に聞いてみた。児童自立支援施設については「知らない」「聞いたことがあるかもしれないがどんな施設かわからない」といった回答が大部分であった。また、非行少年に対しては「傍若無人」「怖い」「切れやすい子どもたち」「小さい犯罪からだんだんエスカレートさせていく」というような回答が多かった。随分と極端な回答が集まったようにも思えるが、ある面では地域社会に住まう人間の意見を反映しているのかもしれない。児童自立支援施設そのものや、そこに生活する少年についてはあまり理解されておらず、かつ脅威を感じる対象として見られ、肯定的には捉えられていないのではないだろうか。

専門的な領域について専門外の人間が十分な理解をしていないということはよくあることで

ある。しかし、はたして非行少年についても同様でよいのだろうか。一般に非行少年は保護という名目で生活環境から切り離して施設に収容されたり、そこで矯正的教育を授けられたりする。そしてその目指すところは社会への復帰を果たすことである。つまり、施設に入所した非行少年は、必ず近い将来、地域社会に戻るのである。だとすればその地域社会に住まう人間が非行少年に対してどのような理解をしているかということは、彼らのその後の生活に大きく影響するのではないだろうか。

非行少年のウチ側

人を知ること、理解することの意味について考えさせられるひとつの出来事があった。守秘義務により詳細は控えさせていただくが、ある少年事件がニュースで流れてきたのである。その突飛な内容、理解しがたい動機、手口の残忍さから、ややセンセーショナルに報道され、それに対する社会の反応はかなり否定的なものであった。少年に対する厳罰を求める声があがったり、特にインターネット上ではその少年に対して見るに堪えない言葉が飛び交っていた。そういう極論に対しては同意しがたく感じたが、事件が近隣で起きたものでなかったことに安堵し、「あまりかかわりたくない」というのが真っ先に浮かんだ思いであった。ところがその後、その少年とたまたま知り合うこととなったのである。そこで知ったのは、そのような事件を起こすとは思えない、優しい気配りのできる少年の姿であった。突っ張った態度とは裏腹に、周囲に助けを求めることができず、一人陰で泣いているような弱々しい少年の姿であった。

そして厳しい環境のなかで努力をしてきたものの、なかなか報われることがなかったという生活背景もわかってきた。そのような部分を知るにつれ否定的なイメージは薄まり、何かできることはなかったのか、今後できることはないのか、という思いが私のなかで強くなっていったのである。

もちろん少年のしたことをなかったことにできるわけはなく、問題は問題としてきちんと取り扱われるべきである。被害者側に立てば受け入れられないこともあろう。ただ、その人を知ることで抱く感情が随分と異なるものとなったのである。施設に足を踏み入れる前と後、人について知る前と後、その一線のウチとソトで見えてくるものが随分と違うことを実感した出来事であった。

ウチとソトをつなげること

施設職員にインタビュー調査をするなかで、職員は退所後の子どもについて度々語られていた。施設の生活を通じて良い変化を見せた子どもが、退所後に意外と簡単に躓いてしまうことがあるとのことであった。施設内でできていたことがなぜ施設の外ではできないのか。施設で得たものをなぜ外で生かせないのか。そこには子ども自身の要因も確かにあるだろう。あるいは施設の特性上、子どもが変わるに足る充分な時間がないことも考えられる。それらに加え、地域社会が非行少年に対して十分な理解をしていないことも実は大きな要因ではないだろうか。施設のウチでは少年を理解し、指導しようという姿勢がある。しかし施設のソトでは少年について知ることもなく、脅威すら感じる対象となっているとすれば、受け入れる態勢を期待するのは難しい。そして受け入れられない社会においては少年も生きづらく、再度足を踏み外してしまうのかもしれない。もしここで、地域の人間が少年を知ることができれば、不必要な脅威を減らすことができ、何か手を差しのべようという気持ちがわいてこないだろうか。そしてそのような人がいれば、少年たちも地域社会で躓きにくくなるのではないだろうか。

ただ、残念ながら一般人にとってはそもそも非行少年について知る機会がほとんどない。私も研究へのお誘いがなければこのようなことを考える機会はなかったかもしれない。だからこそ、彼らのウチの姿をそばで見ている方々には、それをもっとソトである地域社会に伝えてほしい。とりわけ児童自立支援施設にはその役割を期待したいと思う。非行少年にかかわる施設のなかでも児童自立支援施設は二四時間少年と生活を共にする場であり、生活のなかでその問題を捉え、生活を通じて指導をする施設である。施設職員の方々は「何も特別なことはしていません」とおっしゃることが多かった。しかし、インタビューでは生活のなかで子どもを細やかに観察し、子どもの特徴や状態に応じて介入するさまざまな方法が活き活きと語られていた。特別でない日常生活を通じた指導であるからこそ、施設を出た後にも生かせるものが多いと感じた。実際、施設で得た少年に対する理解を家族や原籍校に還元する取り組みについて語っていた職員もおられた。時間的な余裕がなく、なかなか実行に移せないもどかしさもあるようだが、是非このような取り組みを続けていただきたいと思う。そして、その少年の周辺だけでなく、広く地域社会にも発信していただきたい。そうすることで地域が少年たちを受け入れやすくなり、彼らが地域で生きやすくなる。そこに少年の再犯防止の可能性が広がるのではないかと期待している。

7 児童自立支援施設時代を振りかえって

「遊び」から「共生社会」へ

高橋一正

はじめに

私は、二九年間児童自立支援施設で子どもたち、職員、職員家族、地域の皆さんに本当にお世話になった。しかし、一人一人の子どもを理解し、適切な関わりや支援をどれだけしてきただろう。思い起こせば恥ずかしい限りであり、実に未熟な職員だったと反省の言葉しか浮かばない。とりわけ子どもの悲惨な養育状況に思いを馳せる姿勢や、試し行動や表出行動の意味することをわかろうとする姿勢に欠けていたという反省が残る。私は、先生として子どもに弱味を見せられないとか、どこか正す、直す、変えるなどという指導者としての権威意識が強かったのではないだろうかという自戒の念を持つのである。掃除はきれいにしなければならない、手抜きなどはもってのほか、ルールを破ることは許されない、ルールを守ることが前提での指導に終始していたように思う。そこに、子どもたち一人一人の思いや行為の理由をきちんと聴こうという姿勢がどれだけあったのか、子どもの良いところをどれだけ引き起こし、自尊心を育む関わりをしたのか。子どもの主体性を尊重した子どもの気持ちに寄り添う寮運営ができないまま終えたように思うのである。

しかし、子どもたちからさまざまな洗礼を浴び、修羅場という機会を何度となく与えられながら、まがりなりにも続けられたおかげで、多くのことを子どもから学び、成長できたように思う。その上で今日を迎えていることに心から感謝する次第である。

あらためて、二九年間を振り返るとき、前述したとおり、申し訳ない気持ちでいっぱいだが、不思議と楽しかったという思いが強く、その楽しい思い出が次から次に思い返されるのである。感傷的だとのお叱りを受ける覚悟で、その楽しかった思い出の一端を紹介したい。

子どもたちとの遊び

土曜日、日曜日の余暇時間は、とにかく遊んだものである。よくした遊びに「缶蹴り」がある。なぜか年齢関係なく遊べるのである。寮生の性格というか、個性が出るのもおもしろい。各々の課題を垣間見ることもできる。あえて鬼になりたがる子ども、逆に隠れっぱなしの子ども、寮長を鬼にしたがる子ども、どんな遊びもそうだが、寮集団の力関係が浮かび上がってくるから不思議である。寮長は、皆平等でなければならないと、ここぞというタイミングで「卑怯は許さない!」と、真剣に諭す場面もある。しかし、そんなことは別にしても、二時間ぐらい夢中で楽しんだものである。遊びにはルールがあり、ルールにそって遊ぶから、知恵や創意工夫につながり、耐えることも教えてくれる。ある子どもが、どうしても鬼から脱しきれず、ついに泣いてしまったことがあった。すぐ他の子どもたちが集まり、話し合いが始まり、一番最初に捕まった人が鬼になるという意見、泣いても最後までやらせて上手く捕まるようにしようという意見など、意外と建設的な意見が出て感心したものである。結局、私が鬼になることで収まったという記憶がある。缶蹴りだけではない、泥棒巡査、ターザンごっこ、ビー玉遊び、石蹴り、紙飛行飛ばし、スポーツを遊びに取り入れたフットベースボール、室内サッカー、変則ソフトボール、冬は雪上サッカー、雪上ラクビー、コースを作ってのボブスレー遊び、室内ではトランプの大富豪で盛り上がった。いずれにせよ、季節に応じた室内外の遊びを、考えつくものは何でもした。私の性分がそうさせることもあるが、何でも真剣に参加し、無心になって遊ぶということをモットーにしてきたから、私が一番楽しんでいたのかもしれない。「先生あつすぎですよ」と、何度言われたことか。

何かを作り上げる遊び

遊びの要素の中にある競い合いのあるゲーム性は、確かに楽しいものであり人を夢中にさせる。しかし、一緒になって作り上げる達成感につながる遊びは、もっと心に残るような気がする。

あるとき、私の趣味も手伝い、寮の裏山の大きな楓の樹に基地にもなるツリーハウスを作ろうということになり、土曜日、日曜日の作業時間、余暇時間を一カ月半以上費やし完成させた。危険も伴ったが、最終的に縄ばしごを作ったりロープを数本取り付け、救急隊員ごっこを可能にするスリル満点のツリーハウスにした。土日が来るのが待ち遠しく、実に楽しく有意義な時間を過ごすことができ、完成祝いを兼ねてツリーハウスで食べたおやつの味は忘れられない。昼休みの時間に、時々昇って昼寝をしていたHのことが思い出される。他にも、水が流れるような仕組みにした大きな池を作り、釣ってきた沼の鯉や渓流のイワナを放したりした。登校前に虫を放り投げ、その虫を水面からジャンプして食いついたイワナの格好良さにみんなで感動したことは忘れられない。冬には、必ず寮前に雪を積み上げ「かまくら」作りを行った。完成した後に、中で餅を焼いて食べたり、カルタをして楽しんだりした。みんなで苦労しながら完成させる喜びを共有し、その後も遊びとして一緒に楽しんだことは、きっと心象風景として残っていくのではないだろうか。

職員同士の遊び

私が在籍していた昭和から平成の初め頃は、子どもたちも職員も良い意味で元気そのものだった。職員の平均年齢も低かったのかもしれないが、職員の野球チームやバスケットチームも作り、地域の大会などが近くなると、朝練習し、夜練習し、子どもたちとの練習試合の機会も作った。朝野球にも参加し、地域の人たちとの和やかな交流の中で、さりげなく施設生活のことを紹介した記憶がある。職員の遊ぶエネルギーがないと、子どもたちと向き合う意欲につながらないように思う。また、職員同士で共有できる楽しみが、不思議と連帯感を生むことになる。

毎年、一一月になると学園祭という一大行事がある。一年間の本館や寮の活動の様子がわかる展示発表もあるが、メインは各クラスや演劇クラブが発表する「劇」である。クラス担任、クラブ担当にとって、子どもたちとの絆が強まるかどうかの真価が問われる修羅場でもある。その最も忙しい最中に、私の記憶だと五年間ほど職員劇を制作し発表したのである。私が監督、演出を担当し、園長も含め職員全員が参加(役者以外は歌を担当)し、舞台を盛り上げた記憶がある。全員での練習は無理な状況であり、夜中や朝早くの個別練習で本番を迎え、子どもたちが「いつ練習したのですか?」と、驚いた様子を見せたとき、してやったりの満足感を得たものである。裏話をすると、台詞を本番まで覚えられなかった職員がいて、ステージの床に貼り付けて応急処置で乗り切ったこともあった。学園祭が終了した打ち上げが盛り上がったのは言うまでもない。

児童自立支援施設は共生社会だということ

児童自立支援施設の元を辿れば、日本社会が貧しく、その日の食べものをどう調達するか、どう「しのいで」生きるかという時代から始まっている。感化院創設期から第二次大戦前後までは、施設に入所している子どもはもちろんだが、職員家族も同じように貧しかったのである。子どもも職員も、一緒になって汗して働き、一緒のものを食べ、一緒の風呂に入るという、いわゆる寝食を共にする疑似家族制の形態であった。指導や教育するといったきれい事の関わりではなく、共に支え合って生活することそれ自体が「育つこと」「育むこと」につながっていたのだと思われる。不便で物資が不足していた時代ゆえに、文字どおり生きるために、畑を耕し、木を切り薪を作り、慎ましく知恵を出し合って分け合って生活していたのだと思う。自然、建物、畑、そこに住んでいる動植物、また施設内に居住している人たちみんなが、「教護」のひとつとして作用していたのである。貧しく、忙しく、楽しむ余裕がない時代は、互いに協力し、支え合うしか仕方がなかったのだろうが、そんな姿を在園している子どもたちは、しっかり見ていたものと思われる。生きる知恵と、支え合うことの重要さを学んでいたのである。生活そのものが陶冶していた時代である。

現在は、「全体教護」として、その理念は受け継がれてきており、生活を土台にした援助のあり方についても変わっていない。しかし、時代は変わり、食べる物も建物も敷地内の環境も、いわゆる衣食住は恵まれ、職員の待遇も福祉労働者として保証されるようになった。ただ、在園している子どもたちと職員家族の交流も少なくなり、園内に居住する職員も減っていく一方となり、施設全体で楽しむ、盛り上がるような行事もできなくなってきたのではないだろうか。

しかし、どんなに時代が変わろうと、「生活を共にする」「支え合う」という社会の文化は、失なってはならないし、失なわれることはないように思う。その原点が児童自立支援施設には存在する。薄れてきたとはいえ、一般地域社会や家庭で失なわれてきている、直接向き合ってのやりとりや当たり前の生活を大事にしているのが児童自立支援施設であることは間違いない。重篤な虐待を受けている子ども、障がいを抱えている子どもなど「生きづらさ」を強く感じてきた子どもたちに対し、生活場面を通じて、一緒に動くことを基本にしながら、まずはして見せる、そしてやらせる、できなければ一緒にやるなどの丁寧な関わりをしている施設や職員は他にはないのではないだろうか。もっと自負すべきであり、積極的に発信をしていく必要がある。子どもも職員も個性を尊重し、大変なときこそ助け合い協力し合って乗り越えてきた「共生的文化」こそ、児童自立支援施設の財産であり、そのことを決して忘れてはならないと思う。

8 ― 医師としてのアイデンティティ

富田　拓

筆者は、これまで三カ所の児童自立支援施設に勤務してきた。時により、場所により、期待される（されない）ものも違う。

二〇代で最初に国立武蔵野学院に勤務した当時、医師は「いればいい」存在であったと思う。もちろん、いると便利ではあるが、児童の処遇に関して新米の医師に期待するところなどない、というのが正直なところだったのだろう。子どもの処遇は今よりも遙かに管理的な面が強く、言ってみれば軍隊調でもあったが、それでも子どもたちが本当に大切にされていることは確かで、またそれに応えるように子どもたちが一年ほどで大きく成長する様をただただ感心して眺めていた。その後、いったん教護院（当時）を離れ、次に北海道家庭学校に就職したときは、最初の職員会議で、「あなたは医者として来たのか、それとも寮長をするつもりで来たのか」と問われ、「寮長をやるつもりで来た」と答えたぐらいだから、私の医師としてのアイデンティティはすこぶる怪しい。家庭学校には手に技術を持った人が多く、土木・林業・木工・農業・パン作りの技術を持つ寮長がそれぞれいて、そして私は医療という技術を持つ寮長だった。お互いが、必要なときにそれぞれの持てる技術で助け合う、という村社会だった。これもまた、医者としてのひとつのあり方だと思う。また、寮の子たちは、「うちの寮長は医者なんですよ」と自慢げに話すことがあった。カリスマ性のかけらもないような人間が曲がりなりにも三年間寮を運営することができたのは、医師という肩書きも大きかったと思う。その後、国立武蔵野学院に戻ると、最初に個別処遇寮の寮長となった。ここで学んだのは、個別処遇＝理想的な手厚い処遇、というのがいかに幻想であるかということだった。医療的な発想から言えば、手厚いということになるかもしれない。しかし、他児から隔離しての個別処遇には、本来の意味での生活がない。これでは全くうまくいかないということを、身をもって知らされた。次に、きぬ川学院に着任したときは、長年常勤医がいなかったこともあり、また、施設が大きく揺らいでいたときだったこともあり、医師に対する期待は大きかったと思う。

もちろん、ここ十数年ほどの間に、児童自立支援施設での医師の仕事は確かに増えた。虐待、発達障害、加害の結果として加害者自らも傷ついてしまうことによるＰＴＳＤ（心的外傷後ストレス障害）に対する対応。しかし、医療ができることとできないことをはっきりさせることも医師の務めだと思う。社会が「心理化」していると言われるなか、児童自立支援施設もまたその傾向にあるのは確かだから、なおのことである。職員の期待と現実の間にはギャップがあることが多い。例えば、攻撃的な行動の多い児童を薬で何とかしてほしいという要望は少なくない。疾病があって、それに対する投薬を行うとき、たとえば統合失調症に対して、あるいはADHD（注意欠如・多動性障害）に対してそのための薬を使うとき、効果は持続する。しかし、そうでない、たとえば攻撃性に対して対症的に向精神薬を使用しても、その効果は限定的なものでしかなく、持続もしない。筆者の処方能力の低さもあると思うが、これまで、このような使用法でうまくいったと思えたことはない。一方、ADHDが見逃されて入所してきた、あまりに不穏な児童に対して、職員から「この施設の対象ではない」といった声が上がることがある。しかし、メチルフェニデートの投薬によって次第に落ち着いてくると、そのような声は静まっていき、そのうち、当初そういう意見があったことさえ忘れられてしまうものだ。つまり、期待されてもできないこともあり、期待されていなくてもできることもある。

また、虐待に対しては、私自身は、本書第3章で述べているとおり、児童自立支援施設自身の持つ治療構造の力に期待するところがすこぶる大である。そのため、子どもの虐待についてカウンセリングで取り上げることに正直に言えば躊躇することがある。精神科医としてトレーニングを受けた最初期に感銘を受けた「切開は浅いほうがいい」という言葉の影響を引きずっている。また、治療としての精神分析の実効性に対する懐疑もあって、その生まれ変わりとも言うべき最近の虐待の治療法に対しても臆病なほうだと思う。精神分析は、子どもの理解に役立つことは間違いないが、その治療法は実は極めて単純な発想、言ってみれば悪しき外科的発想によっているのではないかと思うことがある

（心的「外傷」に対する治療なのだから当然なのかもしれないが）。もちろん、特に女子の場合、大きなトラウマを抱えている子は多い。そういう子に対する原因究明的な治療的働きかけの重要性を否定するものではない。極めて有効な子がいることは間違いない。しかし、虐待経験があったら、どの子にもそれが選ばれるべきなのかどうかは、まだわからない。虐待を受けても非行に走らず、自己治癒している児童のほうが圧倒的に多いことを考えるとなおさらである。より侵襲的でない方法を選ぶとすれば、第3章で述べたとおり、本人の自己治癒の試みをエンパワーするという方向でまずは行われるべきではないかと思っている。

また、異なる視点を提示することには意味があると思っている。いわゆる精神主義的な人であることが多い（そうあってもらわないと困るが）施設職員と、おそらく精神主義からは最も遠い人種である精神科医（これもそうでなくては困るだろう）とが、ケースカンファレンスで意見を出し合うとき、自ずから意見は違ってくる。また、今ここで目の前の子どもを見ている寮職員と、子どもとある程度距離があり、生育歴や生物学的な面に目を向けがちな医師とは、やはり視点が違う。

精神科医や心理療法士はあくまでサポート役であり、心のケアの中心はあくまで寮長寮母だ、といつも言っているのだが、あるとき職員から「我々は子どもたちの日々の生活を支えるのに精一杯で、心のケアまで手が回りません」と言われたことがあった。しかし、ここで言っている心のケアとは、「今日はちょっと寒いな、一枚多く着せたほうがいいかな」とか、「今日は元気ないな、どうしたんだろう」とか、「最近親から手紙が来ないな」とか、「この子は進学したほうがいいのか、就職のほうがいいのか」とか、そういうことに心を砕き、声をかけることと、あるいはあえて声をかけずに黙って見守ること、そういうことを言っているのである。いつもその子のそばにいて、その子のことを本当に真剣に考えている大人がいること。それこそが、最大の心のケアだと思う。これに勝る心のケアを私は寡聞にして知らない。入所してくる子たちの多くは、周囲にそのような大人が残念ながらいなかったのであり、だからこそ、そのような働きかけによって、大きく変わりうる。被虐待児はもちろんだが、発達障害を持つ子でもそれは同じである。これは、児童自立支援施設に来る発達障害の子が、やはり不適切な養育環境に置かれていたからである。

児童自立支援施設においては、病院とは違い、医師がヒエラルキーの頂点に立つわけではない。ではなぜ非行臨床を選んだのか、と問われると き、私はいつも、「おもしろいから」と答えている。最近非行少年も元気がなくなった、と言われることも多い（実際無断外出は激減した）が、やはり彼らは心的なエネルギーに満ちた子たちである。だからこそ、一年少々の間に私たちの目の前で大きく変わっていく。子どもの成長していくさまを目の当たりにすることほど大きな喜びが他にあるだろうか。おそらく、過酷きわまりない仕事である夫婦制の寮長寮母を支えているのもこの喜びである。医師として、ささやかでもそれに関わることができれば、これほどおもしろいことはない。そう思っている。

あとがき

共に学び合うこと

橋本和明

① 共に学べる場であること

本書は、田中康雄先生を研究代表者とする平成二〇（二〇〇八）年度から平成二三（二〇一一）年度までの四年間の日本学術振興会科学研究補助金（基盤研究A）による研究をベースに、研究員と第一線で活躍されている実務者によって執筆された。その研究のテーマは「発達障害が疑われる非行少年の包括的再犯防止対策」であり、われわれ研究員は児童自立支援施設での取り組みに着目した。その理由は、そこでの子どもたちへのかかわりのあり方から、発達障害が疑われる非行少年に何か有効となる再犯防止の手立てを引き出せるのではないかと考えたからである。

まず研究員が集まり、どのような手法で研究を進めていくのかが検討された。そこで議論されたことは、児童自立支援施設の職員へのインタビュー調査を実施し、子どもたちとのかかわりのなかで一番心を配っておられること、実践のなかで苦労をされ学ばれたことなどを時間をかけて聴き取っていき、最終的にそれらをまとめることにしようということになった。それがわれわれの研究の大きな柱となったわけである。

そんな研究の目的や方法を検討しているなかで、私にとっては非常に印象的な場面があった。研究員の一人である村瀬嘉代子先生が「単に質問をして回答を得るだけのインタビュー調査ではなく、インタビューをする人もされる人もそこで一緒に考え、結果的にそれが有意義であったと思えるものでなければならない」と発言された。この言葉に研究員は、これから行おうとしていることのすべてが集約されていると感じ、この姿勢を貫こうと誰もが思ったはずである。それから約四年間、研究員は全国の協力の得られた児童自立支援施設を訪問し、たくさんの職員に貴重な話を聴かせていただいた。同時に、先ほどのわれわれの共通認識である「共に学べる場であること」という姿勢も維持できたのではないだろうか。

私自身は四カ所の児童自立支援施設を訪問させていただき、そのうち二カ所の施設には頻繁にうかがわせてもらった。多忙のなか貴重な時間を割いていただき、しかも快くインタビュー調査に協力いただいた。インタビュー調査終了後、私が協力いただいたお礼を述べると、どの職員も口をそろえて、「私たちも勉強になりますから」とおっしゃられた。果たしてどこまで職員の方にお役に立てることができたか心許ないが、「共に学べる場でありたい」という心意気は伝わったように感じられた。研究に協力いただいた児童自立支援施設の皆様、あるいはインタビュー調査に協力いただいた方に、改めてこの場を借りてお礼を申し上げたい。

② 生活するということ

先にも述べたように、当初は発達障害が疑われる非行少年の再犯防止のあり方について研究することが目的であった。しかし、実際に児童自立支援施設を訪問し、職員の話を聴かせてもらうなかで、そのテーマが実際の実情とどうもピッタリこない印象を受けた。なぜなら、インタビュー調査において、多くの職員が「ここでの施設では、発達障害があろうがなかろうが、やることはほとんど変わらない。ここでは誰でもできることを前提にしている」と語られたからである。

この話を表面的に受け取ってしまうと、児童自立支援施設では発達障害児への理解が浅く、支援体制が弱いという感じをもつかもしれない。また、発達障害のある子どもはその特性ゆえに、定型発達の人に比べて、苦手なところ、できないところが多々あるが、職員がそんな子どもに配慮もせずにかかわるのは望ましくはないのではないかと言う人もいるかもしれない。

しかし、児童自立支援施設の本質をよくよく見ていくと、そこには古くから根底に流れている、〝生活〟を基盤にしたさまざまなかかわりの実践がある。実は、それこそが子どもたちを成長させ、非行から更生させていく根拠になっていると言っても過言ではないであろう。つまり、発達障害があろうがなかろうが、誰でも〝生活〟は送っていかなければならないし、またそれができることが前提となっている。確かに実際には、施設に入る前までの生活と施設での生活にはギャップがあり、入って間がない頃は日課や作業がうまくこなせず、戸惑う子どもやみんなとペースが合わない子どももいる。しかし、いずれはその子もできるようになるという前提で、職員はかかわっており、そこで一緒に暮らしている入所経験の長い子どもたちもそんな風に新入生を見守っている。

みんな誰でもできるようになると考えるのはなぜかというと、それがほかならぬ〝生活〟であるからである。生活はわれわれみんながそれをしている。学校の勉強や運動などは、持って生まれた能力や得手不得手がどうしてもあって、誰でもできるという前提は適当ではないかもしれない。しかし、こと生活に関してはそうではない。生活をしない人などおらず、みんなが毎日ご飯を食べ、排泄をし、睡眠を取っている。その生活を少しでも質のよいもの、心地よいものにしていくことこそが、この児童自立支援施設の実践そのものなのである。だからこそ、できることを前提にした子どもとのかかわりが成り立つのである。

3　生活からかかわりを見直す

ところで、発達障害が疑われる非行少年について研究するのであれば、わざわざ〝生活〟を取り上げなくても、もっと効果的なプログラムの開発や効果測定に力を入れてはどうかと考える人もいるであろう。しかし、私自身がこれまで多くの発達障害を抱える人たちと出会い、話を聴いていくなかで、彼らがどれほど生活に躓き、生活がスムーズにいかないことで悩んでいるかを目のあたりにしてきた。ちょっとした躓きでも彼らにとってはなかなか乗り越えられない試練となったり、些細なことにこだわってしまってまったく前に進めなくなってしまう人も少なくない。そんな日々の生活が大きく改善することはないけれども、少しだけでも心地よさを感じ取られたり、にっちもさっちもいかない状態からチョロチョロとでも流れる感じがつかめ、そこに動き出せる自分を見つけ出すことができれば、ずいぶんと生きている実感が違ってくるはずである。

非行や問題行動というと、どうしてもその行動ばかりに目を向けてしまい、その背景にある直接的な動機は何かと考えたくなる。しかし、行動と動機が直結しているとは限らず、両者の結びつきが読みにくかったり、その行動をした本人自身も意識化できないことも珍しいことではない。特に、発達障害を抱える人は自分の心をとらえにくかったり、他者からどのように見られているのかを客観視しにくい面があるのでなおさらである。そこで、彼らの行動だけに着目するのではなく、生活全体を見ていく視点、言うなれば、行動面に限らず、彼らをまるごと理解していくことが必要なのである。

私が相談を受けたアスペルガー症候群の中学二年生の男子生徒の事例を紹介したい。彼はそれまではさほど暴力的な言動はなかったのだが、中学二年生になってから同級生や下級生を殴ることが頻繁になった。しかもその暴力行為のきっかけはほんの些細なことであり、周囲からは「キレやすい生徒」と噂が広がり、担任教諭もほとほと困り果てていた。暴力を振るう動機さえわかればそれなりの対処のしようもあるのに、彼の場合はその原因すらわかりにくく、何に不満や憤りを感じているかさえも周囲にはわかりにくかった。ところが、暴力という行動面以外の彼の生活全般に視点を広げると、暴力が噴出するまでの生活とは違ったところが何点か浮かび上がってきた。なかでも最近のエピソードとして、誕生日プレゼントでもらったゲームに夢中になり、それをやりだすと切り替えができず深夜遅くまで起きており、いつも学校には寝不足で登校しているということがあった。さらに、新学年を迎えてクラス替えがあり、これまで馴染んできた仲のよい級友とも離れ、新しい担任教諭にもどのように接していいのかわからず、やや混乱していることもわかってきた。実際にそれが暴力とどう結びつくのかは断定的なことは言えないにしろ、家族の協力を得て、規則正しい生活を取り戻させ、少なくとも午後一〇時以降のゲームはしないようにさせた。また、学校では担任教諭から彼に積極的に声かけをしてもらい、話をするきっかけをつくってもらうようにした。すると、彼の表情は以前よりも穏やかになり、苛立ったところが少なくなって、暴力を振るうことがほとんどなくなった。

ここに挙げた例は、暴力を防止するための直接的なプログラムやかかわりではないにしろ、その人の生活そのものを視野に入れたかかわりが結果的には問題行動を消失させた例である。この事例も相談を受けた当初は、何か効果的なプログラムや介入方法はないかと要望を投げかけられたが、相談者は得てして非行や虐待、不登校など事象に対しての直接的で即効的な支援を求めがちとなる。しかし、そんなにうまい支援や介入が必ずしもあるとは限らない。特に、問題が深くて複雑であればあるほど、そんなことは期待しにくい。そこで、もう一度足下から全体を見直すことが重要で、それが〝生活〟という視点なのである。

児童自立支援施設における子どもたちへのかかわりはまさにそのようなことを実践していることが、インタビュー調査で明らかとなった。つまり、「生活からかかわりを見直すこと」を再認識したわけである。このことが実はわれわれの研究テーマをグッと方向転換させることになった。要するに、研究当初は再犯防止対策のための効果的なプログラムはないものかと考えてきたが、児童自立支援施設では生活そのものを今一度しっかり見直すことこそを再犯防止のための大前提にしていることを目のあたりにし、〝生活〟ということを視点にしたかかわりに着目することに大きく舵を切ったのである。

考えてみると、発達障害という概念がまだ登場していなかった一昔前の時代においては、障害があったとしてもそれに対応するプログラムなど当然なかった。しかし、仮に障害を抱えていようとも、おそらく今ほどには特別扱いもされず、当人もそれほど困惑もせずに過ごせたのではないか。否、もしかすると困り感は今と同様にあったかもしれないが、少なくとも、孤立感や疎外感は今ほどにはなかったと思われる。それはなぜかと言うと、その当時は何はともあれ、生活を中心にすえていたためである。勉強ができる、運動ができるといったことではなしに、生活をいかにスムーズにしていくかを重要視し、その点では発達障害があろうがなかろうが大差はなかったと思えるからである。しかし、現代に至ってはどうであろうか。われわれ現代人は生活そのものを軽視しがちとなり、成績主義、能力主義というように、どちらかと言うと生活には目を向けなくなってきている。

しかし、少し冷静に考えれば、いかに生活がわれわれの情緒や能力に影響を与えているかがわかる。毎日の生活をスムーズにいかせること、たとえ今日できなくても明日があり、明日できなくても明後日があるという連続性を感じることこそが、その人のなかに豊かな情緒を育み、次への展望を生む。衣食住の質が高ければ、その人の能力を存分に発揮させることができるが、そこに何かが欠乏していると認知面、行動面の歪みとなってしまう。

生活という視点をもってかかわりを見直すということは、私自身が今回の研究でもっとも明確にできた点ではないかと考えている。

④ 研究を振り返って

われわれの研究を振り返って、以上のようなことが研究の流れであり、骨子であったと言える。言うならば、〃生活臨床〃についてのあり方を児童自立支援施設から学んだわけである。

本書はそれぞれの執筆者がまさに〃生活臨床〃の視点から考えをまとめている。そして、ここに書かれた内容は決して児童自立支援施設だけに有効なものではなく、家庭においても学校現場においても大いに役立つものであると確信している。それゆえ研究成果を少しでも社会に還元できればとの思いもあり、本書の制作に取り組んだ。

本書ができあがるまでには、企画立案の段階から金剛出版の編集者である藤井裕二氏にお世話になり、並々ならぬ苦労をおかけした。それぞれの執筆者のよさをうまく引き出していただけたと感謝の気持ちで一杯である。

最後に、発達障害を抱える人々やわれわれが少しでも暮らしやすく、この世に生を与えられてよかったと実感できる社会になっていくことを切望してやまない。

二〇一二年三月

橋本和明

著者一覧
(50音順)

相澤　仁……国立武蔵野学院［第1章］
青島多津子……国立きぬ川学院［第4章］
荒井　紫織……花園大学心理カウンセリングセンター［オピニオン6］
飯田　昭人……北翔大学人間福祉学部福祉心理学科［オピニオン5］
川俣　智路……大正大学人間学部臨床心理学科［オピニオン1］
久蔵　孝幸……北海道大学保健センター［オピニオン2］
国分　美希……至誠学園［第5章］
高橋　一正……青少年自立援助ホームふくろうの家［第6章・オピニオン7］
田中　康雄……奥付に記載［はじめに・第7章］
富田　拓……国立きぬ川学院［第3章・オピニオン8］
橋本　和明……花園大学社会福祉学部臨床心理学科［第2章・あとがき］
松浦　直己……東京福祉大学大学院教育学研究科［オピニオン4］
松嶋　秀明……滋賀県立大学人間文化学部人間関係学科［オピニオン3］
村瀬嘉代子……北翔大学／大正大学［第8章］

編者略歴

田中康雄

(たなか・やすお)

1977年　獨協医科大学医学部入学
1983年　獨協医科大学医学部卒業
1983年　旭川医科大学精神科神経科医員
1985年　市立士別総合病院精神科神経科医員
1987年　旭川医科大学附属病院精神科神経科助手
1988年　市立士別総合病院精神科神経科医長
1992年　北海道立緑ヶ丘病院医長
2002年　国立精神・神経センター精神保健研究所児童・思春期精神保健部児童期精神保健研究室長
2004年　北海道大学大学院教育学研究科教育臨床講座教授
2006年　北海道大学大学院教育学研究科附属子ども発達臨床研究センター教授
2008年　北海道大学大学院教育学研究院附属子ども発達臨床研究センター教授
2012年　こころとそだちのクリニック むすびめ院長

主著　『ADHDの明日に向かって――認めあい・支えあい・赦しあうネットワークをめざして』(単著、星和書店、2001)、『軽度発達障害のある子のライフサイクルに合わせた理解と対応――「仮に」理解して、「実際に」支援するために』(単著、学習研究社、2006)、『軽度発達障害――繋がりあって生きる』(単著、金剛出版、2008)、『支援から共生への道――発達障害の臨床から日常の連携へ』(単著、慶應義塾大学出版会、2009)、『発達障害の理解と支援を考える(『臨床心理学』増刊第2号)』(編著、金剛出版、2010)、『つなげよう――発達障害のある子どもたちとともに私たちができること』(単著、金剛出版、2010)ほか多数。

児童生活臨床《じどうせいかつりんしょう》と社会的養護《しゃかいてきようご》

児童自立支援施設《じどうじりつしえんしせつ》で生活《せいかつ》するということ

印　刷…………………………………………………………………… 2012年8月10日
発　行…………………………………………………………………… 2012年8月20日
編　者……………………………………………………………………田中康雄
発行者……………………………………………………………………立石正信
発行所……………………………株式会社 金剛出版（〒112-0005 東京都文京区水道1-5-16）
電話03-3815-6661　振替00120-6-34848
装　幀……………………………………………………………………古屋貴広
組　版……………………………………………………………………藍原慎一郎
印刷・製本………………………………………………………………シナノ印刷
ISBN978-4-7724-1261-2　C3011　©2012　Printed in Japan